SEIS PROPOSTAS PARA O PRÓXIMO MILÊNIO

Obras do autor publicadas pela Companhia das Letras

Os amores difíceis
Assunto encerrado
O barão nas árvores
O caminho de San Giovanni
O castelo dos destinos cruzados
O cavaleiro inexistente
As cidades invisíveis
Coleção de areia
Contos fantásticos do século XIX (org.)
As cosmicômicas
O dia de um escrutinador
Eremita em Paris
A especulação imobiliária
Fábulas italianas
Um general na biblioteca
Marcovaldo ou As estações na cidade
Mundo escrito e mundo não escrito — Artigos, conferências e entrevistas
Os nossos antepassados
Palomar
Perde quem fica zangado primeiro (*infantil*)
Por que ler os clássicos
Se um viajante numa noite de inverno
Seis propostas para o próximo milênio — Lições americanas
Sob o sol-jaguar
Todas as cosmicômicas
A trilha dos ninhos de aranha
O visconde partido ao meio

ITALO CALVINO

SEIS PROPOSTAS PARA O PRÓXIMO MILÊNIO

LIÇÕES AMERICANAS

Tradução:
IVO BARROSO

3ª edição
15ª reimpressão

Grafia atualizada segundo o Acordo Ortográfico da Língua Portuguesa de 1990, que entrou em vigor no Brasil em 2009.

Título original:
Lezioni americane
Sei proposte per il prossimo millennio

Capa:
Raul Loureiro

Índice onomástico:
Verba Editorial

Revisão:
Victor Barbosa
Gabriela Morandini

Atualização ortográfica:
Verba Editorial

Dados Internacionais de Catalogação na Publicação (CIP)
(Câmara Brasileira do Livro, SP, Brasil)

Calvino, Italo, 1923-1985.
Seis propostas para o próximo milênio: lições americanas / Italo Calvino ; tradução Ivo Barroso. — 3ª ed. — São Paulo : Companhia das Letras, 1990.

Título original: Lezioni americane: Sei proposte per il prossimo millennio.
ISBN 978-85-7164-125-9

1. Literatura — Discursos, ensaios, conferências 2. Literatura : História e crítica I. Título.

90-3120 CDD-800.809

Índices para catálogo sistemático:
1. Literatura 800
2. Literatura : História e Crítica 809

EDITORA SCHWARCZ S.A.
Rua Bandeira Paulista, 702, cj. 32
04532-002 — São Paulo — SP
Telefone: (11) 3707-3500
www.companhiadasletras.com.br
www.blogdacompanhia.com.br
facebook.com/companhiadasletras
instagram.com/companhiadasletras
twitter.com/cialetras

Em 6 de junho de 1984, Calvino foi oficialmente convidado a fazer as Charles Eliot Norton Poetry Lectures: um ciclo de seis conferências que se desenvolvem ao longo de um ano acadêmico (o de Calvino seria o ano letivo de 1985-86) na Universidade de Harvard, em Cambridge, no estado de Massachussets. O termo "poetry" significa no presente caso qualquer espécie de comunicação poética — literária, musical, figurativa —, sendo a escolha do tema inteiramente livre. Essa liberdade foi o primeiro problema que Calvino teve de enfrentar, convicto que era da importância da pressão sobre o trabalho literário. A partir do momento em que conseguiu definir claramente o tema de que iria tratar — alguns valores literários que mereciam ser preservados no curso do próximo milênio —, passou a dedicar quase todo seu tempo à preparação dessas conferências.

Logo se tornaram uma obsessão, e um dia ele me disse que já tinha ideias e material para pelo menos oito lições, e não apenas para as seis previstas e obrigatórias. Conheço o título daquela que poderia ter sido a oitava: "Sobre o começo e o fim" (dos romances), mas até hoje não consegui encontrar esse texto. Apenas anotações.

No momento em que devia partir para os Estados Unidos, já havia escrito cinco das seis conferências. Falta a sexta, "Consistency", sobre a qual só sei que devia fazer referências ao *Bartleby,* de Herman Melville. Sua intenção era escrevê-la em Harvard. Estas são as conferências que Calvino leria. Haveria sem dúvida uma nova revisão antes de imprimir-se o texto; não creio contudo que nele viesse a introduzir alterações significativas. A diferença entre as primeiras versões que li e as últimas diz respeito apenas à estrutura e não ao conteúdo.

Este livro reproduz o original datilografado tal qual o encontrei. Um dia, não sei quando, poderemos dispor de uma edição crítica dos cadernos manuscritos.

Conservei em inglês as palavras que ele escreveu diretamente nessa língua, bem como mantive na língua original as citações.

Chego agora ao ponto mais difícil: o título.

Calvino deixou este livro sem título italiano. Devia pensar primeiro no título em inglês, "Six memos for the next millennium", que era definitivo. Impossível saber o que daria em italiano. Se me decidi finalmente por *Lezioni americane* [Lições americanas] foi porque, naquele último verão da vida de Calvino, Pietro Citati vinha vê-lo quase todas as manhãs e a primeira pergunta que fazia era: "Como vão as lições americanas?". E era sobre essas lições americanas que a conversa girava.

Sei que isto não basta, e Calvino preferia dar uma certa uniformidade aos títulos de seus livros em todas as línguas. *Palomar* fora escolhido precisamente por isso. Acho também que "for the next millennium" decerto faria parte do título italiano: em todas as suas tentativas de encontrar o título exato em inglês, mudavam as outras palavras, mas a expressão "for the next millennium" permanecia sempre. Eis por que a conservei.

Acrescento que o original datilografado estava sobre a sua escrivaninha, perfeitamente em ordem, cada uma das conferências numa capa transparente e o conjunto metido numa pasta dura, pronto para ser posto na mala.

As Norton Lectures tiveram início em 1926 e foram confiadas ao longo dos anos a personalidades como T. S. Eliot, Igor Stravinsky, Jorge Luis Borges, Northrop Frye, Octavio Paz. Pela primeira vez se convidava um escritor italiano.

Desejo exprimir minha gratidão a Luca Marighetti, da Universidade de Constança, pelo profundo conhecimento da obra e do pensamento de Calvino, e a Angelica Koch, também daquela universidade, pela ajuda que me prestou.

Esther Calvino

SIX MEMOS

FOR THE NEXT MILLENNIUM

1- Lightness

2- Quickness

3- Exactitude

4- Visibility

5- Multiplicity

6- Consistency

Ladies and gentlemen, dear friends.

Deixem-me dizer, em primeiro lugar, quanto estou feliz e grato por ter sido chamado a Harvard este ano como Charles Eliot Lecturer. Com comoção e humildade penso nos Norton Lecturers que me precederam, uma longa lista que inclui muitos dos autores que mais admiro. O acaso quis que eu fosse o primeiro escritor italiano a participar dessa lista. Isso acrescenta à minha tarefa a responsabilidade especial de representar aqui uma tradição literária que continua ininterrupta há oito séculos. Tentarei explorar sobretudo as características da minha formação italiana que mais me aproximam do espírito dessas palestras. Por exemplo, é típico da literatura italiana compreender num único contexto cultural todas as atividades artísticas, e é portanto perfeitamente natural para nós que, na definição das "Norton Poetry Lectures", o termo "poetry" seja entendido num sentido amplo, que abrange também a música e as artes plásticas; da mesma forma, é perfeitamente natural que eu, escritor de *fiction,* inclua no mesmo discurso poesia em versos e romance, porque em nossa cultura literária a separação e especialização entre as duas formas de expressão e entre as respectivas reflexões críticas é menos evidente que em outras culturas.

Minhas reflexões sempre me levaram a considerar a literatura como universal, sem distinções de língua e caráter nacional, e a considerar o passado em função do futuro; assim farei também nessas aulas. Não saberia agir de outra forma.

Estamos em 1985: quinze anos apenas nos separam do início de um novo milênio. Por ora não me parece que a aproximação dessa data suscite alguma emoção particular. Em todo caso, não estou aqui para falar de futurologia, mas de literatura. O milênio que está para findar-se viu o surgimento e a expansão das línguas ocidentais modernas e as literaturas que exploraram suas possibilidades expressivas, cognoscitivas e imaginativas. Foi também o milênio do livro, na medida em que viu o objeto-livro tomar a forma que nos é familiar. O sinal talvez de que o milênio esteja para findar-se é a frequência com que nos interrogamos sobre o destino da literatura e do livro na era tecnológica dita pós-industrial. Não me sinto tentado a aventurar-me nesse tipo de previsões. Minha confiança no futuro da literatura consiste em saber que há coisas que só a literatura com seus meios específicos nos pode dar. Quero pois dedicar estas conferências a alguns valores ou qualidades ou especificidades da literatura que me são particularmente caros, buscando situá-los na perspectiva do novo milênio.

1
LEVEZA

Esta primeira conferência será dedicada à oposição leveza-peso, e argumentarei a favor da leveza. Não quer dizer que considero menos válidos os argumentos do peso, mas apenas que penso ter mais coisas a dizer sobre a leveza.

Depois de haver escrito *ficção* por quarenta anos, de haver explorado vários caminhos e realizado experimentos diversos, chegou o momento de buscar uma definição global de meu trabalho. Gostaria de propor a seguinte: no mais das vezes, minha intervenção se traduziu por uma subtração do peso; esforcei-me por retirar peso, ora às figuras humanas, ora aos corpos celestes, ora às cidades; esforcei-me sobretudo por retirar peso à estrutura da narrativa e à linguagem.

Nesta conferência, buscarei explicar — tanto para mim quanto para os ouvintes — a razão por que fui levado a considerar a leveza antes um valor que um defeito; direi quais são, entre as obras do passado, aquelas em que reconheço o meu ideal de leveza; indicarei o lugar que reservo a esse valor no presente e como o projeto no futuro.

Começarei por esse último ponto. Quando iniciei minha atividade literária, o dever de representar nossa época era um imperativo categórico para todo jovem escritor. Cheio de boa vontade, buscava identificar-me com a impiedosa energia que move a história de nosso século, mergulhando em seus acontecimentos coletivos e individuais. Buscava alcançar uma sintonia entre o espetáculo movimentado do mundo, ora dramático ora grotesco, e o ritmo interior picaresco e aventuroso que me levava a escrever. Logo me dei conta de que entre os fatos da vida, que deviam ser minha matéria-prima, e um estilo que eu desejava ágil, impetuoso, cortante, havia uma diferença que eu tinha cada vez mais dificuldade em superar. Talvez que só então estivesse descobrindo o pesadume, a inércia, a opacidade do mundo — qualidades que se aderem logo à escrita, quando não encontramos um meio de fugir a elas.

Às vezes, o mundo inteiro me parecia transformado em pedra: mais ou menos avançada segundo as pessoas e os lugares, essa lenta petrificação não poupava nenhum aspecto da vida. Como se ninguém pudesse escapar ao olhar inexorável da Medusa.

O único herói capaz de decepar a cabeça da Medusa é Perseu, que voa com sandálias aladas; Perseu, que não volta jamais o olhar para a face da Górgona, mas apenas para a imagem que vê refletida em seu escudo de bronze. Eis que Perseu vem ao meu socorro até mesmo agora, quando já me sentia capturar pela mordaça de pedra — como acontece toda vez que tento uma evocação histórico-autobiográfica. Melhor deixar que meu discurso se elabore com as imagens da mitologia. Para decepar a cabeça da Medusa sem se deixar petrificar, Perseu se sustenta sobre o que há de mais leve, as nuvens e o vento; e dirige o olhar para aquilo que só pode se revelar por uma visão indireta, por uma imagem capturada no espelho. Sou tentado de repente a encontrar nesse mito uma alegoria da relação do poeta com o mundo, uma lição do processo de continuar escrevendo. Mas sei bem que toda interpretação empobrece o mito e o sufoca: não devemos ser apressados com os mitos; é melhor deixar que eles se depositem na memória, examinar pacientemente cada detalhe, meditar sobre seu significado sem nunca sair de sua linguagem imagística. A lição que se pode tirar de um mito reside na literalidade da narrativa, não nos acréscimos que lhe impomos do exterior.

A relação entre Perseu e a Górgona é complexa: não termina com a decapitação do monstro. Do sangue da Medusa nasce um cavalo alado, Pégaso; o peso da pedra pode reverter em seu contrário; de uma patada, Pégaso faz jorrar no monte Hélicon a fonte em que as Musas irão beber. Em algumas versões do mito, será Perseu quem irá cavalgar esse maravilhoso Pégaso, caro às Musas, nascido do sangue maldito da Medusa. (Mesmo as sandálias aladas, por sua vez, provinham de um mundo monstruoso: Perseu as havia recebido das irmãs de Medusa, as Graias de um só olho.) Quanto à cabeça cortada, longe de abandoná-la, Perseu a leva consigo, escondida num saco; quando os inimigos ameaçam subjugá-lo, basta que o herói a mostre, erguendo-a pelos cabelos de serpentes, e esse despojo sanguinoso se torna uma arma invencível em suas mãos, uma arma que utiliza apenas em casos extremos e só contra quem merece o castigo de ser transformado em estátua de si mesmo. Não há dúvida de que neste ponto o mito quer me dizer alguma coisa, algo que está implícito nas imagens e que não se pode explicar de outro modo. Perseu consegue dominar a pavorosa figura mantendo-a oculta, da mesma forma como antes a vencera, contemplando-a no espelho. É sempre na recusa da visão direta que reside a força de Perseu, mas não na recusa da realidade do mundo de monstros entre os quais estava destinado a viver, uma realidade que ele traz consigo e assume como um fardo pessoal.

Sobre a relação entre Perseu e a Medusa podemos aprender algo mais com Ovídio, lendo as *Metamorfoses*. Perseu vence uma nova batalha, massacra a golpes de espada um monstro marinho, liberta Andrômeda. E agora trata de fazer o que faria qualquer um de nós, após uma façanha desse porte: vai lavar as mãos. Nesse caso, o problema está em onde deixar a cabeça da Medusa. E aqui Ovídio encontra versos (IV, 740-752) que me parecem extraordinários para expressar a delicadeza de alma necessária para ser um Perseu dominador de monstros: "Para que a areia áspera não melindre a anguícoma cabeça (*anguiferumque caput dura ne laedat harena*), ameniza a dureza do solo com um ninho de folhas, recobre-o com algas que cresciam sob as águas, e nele deposita a cabeça da Medusa, de face voltada para baixo". A leveza de que Perseu é o herói não poderia ser melhor representada, segundo penso, do que por esse gesto de refrescante cortesia para com um ser monstruoso e tremendo, mas mesmo assim de certa forma perecível, frágil. Mas inesperado, contudo, é o milagre que se segue: em contato com a Medusa, os râmulos aquáticos se transformam em coral, e as ninfas, para se enfeitarem com ele, acorrem com râmulos e vergônteas, que aproximam da hórrida cabeça.

Esse paralelo de imagens, em que a graça sutil do coral aflora o fero horror da Górgona, parece-me de tal forma carregado de sugestões que me abstenho de estragá-lo com uma tentativa de interpretação ou comentários. O que posso fazer é colocar, ao lado dos versos de Ovídio, também estes, de um poeta contemporâneo: no *Piccolo testamento,* de Eugenio Montale, encontramos a mesma oposição entre alguns elementos bastante delicados, que são verdadeiros emblemas desse poeta ("traccia madreperlacea di lumaca/ o smeriglio di vetro calpestato": [quais rastros nacarados de moluscos/ ou esmeril de vidro pisoteado]), e um terrível monstro infernal, um Lúcifer de asas de betume que baixa sobre as capitais do Ocidente. Em nenhum outro escrito como nesse poema, de 1953, Montale evocou uma visão tão apocalíptica; mas o que seus versos melhor valorizam são os minúsculos traços luminosos, que ele contrapõe à escura catástrofe ("Conservane la cipria nello specchietto/ quando spenta ogni lampada/ la sardana si farà infernale..." [Conserva o pó de arroz em sua trusse/ ao apagar das lâmpadas,/ a sardana há de ser infernal...]). Mas como podemos esperar salvar-nos naquilo que há de mais frágil? O poema de Montale é a profissão de fé na persistência do que há de mais aparentemente perecível, e nos valores morais investidos nos traços mais tênues "Il tenue bagliore strofinato/ laggiù non era quello d'un fiammifero" [não era de um fósforo riscado/ o tênue clarão surgido ao longe].

Para conseguir falar de nossa época, precisei fazer um longo desvio e evocar a frágil Medusa de Ovídio e o betuminoso Lúcifer de Montale. Muito dificilmente um romancista poderá representar sua ideia da leveza ilustrando-a com exemplos tirados da vida contemporânea, sem condená-la a ser o objeto inalcançável de uma busca sem fim. Foi o que fez Milan Kundera, de maneira luminosa e direta. Seu romance *A insustentável leveza do ser* é, na realidade, uma constatação amarga do Inelutável Peso do Viver: não só da condição de opressão desesperada e *all-pervading* que tocou por destino ao seu desditoso país, mas de uma condição humana comum também a nós, embora infinitamente mais afortunados. O peso da vida, para Kundera, está em toda forma de opressão; a intrincada rede de constelações públicas e privadas acaba por aprisionar cada existência em suas malhas cada vez mais cerradas. O romance nos mostra como, na vida, tudo aquilo que escolhemos e apreciamos pela leveza acaba bem cedo se revelando de um peso insustentável. Apenas, talvez, a vivacidade e a mobilidade da inteligência escapam à condenação — as qualidades de que se compõe o romance e que pertencem a um universo que não é mais aquele do viver.

Cada vez que o reino do humano me parece condenado ao peso, digo para mim mesmo que à maneira de Perseu eu devia voar para outro espaço. Não se trata absolutamente de fuga para o sonho ou o irracional. Quero dizer que preciso mudar de ponto de observação, que preciso considerar o mundo sob uma outra ótica, outra lógica, outros meios de conhecimento e controle. As imagens de leveza que busco não devem, em contato com a realidade presente e futura, dissolver-se como sonhos...

No universo infinito da literatura sempre se abrem outros

caminhos a explorar, novíssimos ou bem antigos, estilos e formas que podem mudar nossa imagem do mundo... Mas se a literatura não basta para me assegurar que não estou apenas perseguindo sonhos, então busco na ciência alimento para as minhas visões das quais todo pesadume tenha sido excluído...

Cada ramo da ciência, em nossa época, parece querer nos demonstrar que o mundo repousa sobre entidades sutilíssimas — tais as mensagens do A.D.N., os impulsos neurônicos, os quarks, os neutrinos errando pelo espaço desde o começo dos tempos...

Em seguida vem a informática. É verdade que o *software* não poderia exercer seu poder de leveza senão mediante o peso do *hardware;* mas é o *software* que comanda, que age sobre o mundo exterior e sobre as máquinas, as quais existem apenas em função do *software,* desenvolvendo-se de modo a elaborar programas de complexidade cada vez mais crescente. A segunda revolução industrial, diferentemente da primeira, não oferece imagens esmagadoras como prensas de laminadores ou corridas de aço, mas se apresenta como *bits* de um fluxo de informação que corre pelos circuitos sob a forma de impulsos eletrônicos. As máquinas de metal continuam a existir, mas obedientes aos *bits* sem peso.

Será lícito extrapolar do discurso científico uma imagem do mundo que corresponda aos meus desejos? Se a operação que estou tentando me atrai, é porque sinto que ela poderia reatar-se a um fio muito antigo na história da poesia.

De rerum natura, de Lucrécio, é a primeira grande obra poética em que o conhecimento do mundo se transforma em dissolução da compacidade do mundo, na percepção do que é infinitamente minúsculo, móvel e leve. Lucrécio quer escrever o poema da matéria, mas nos adverte, desde logo, que a verdadeira realidade dessa matéria se compõe de corpúsculos invisíveis. É o poeta da concreção física, entendida em sua substância permanente e imutável, mas a primeira coisa que nos diz é que o vácuo é tão concreto quanto os corpos sólidos. A principal preocupação de Lucrécio, pode-se dizer, é evitar que o peso da matéria nos esmague. No momento de estabelecer as rigorosas leis mecânicas que determinam todos os acontecimentos, ele sente a necessidade de permitir que os átomos se desviem imprevisivelmente da linha reta, de modo a garantir tanto a liberdade da matéria quanto a dos seres humanos. A poesia do invisível, a poesia das infinitas potencialidades imprevisíveis, assim como a poesia do nada, nascem de um poeta que não nutre qualquer dúvida quanto ao caráter físico do mundo.

Essa pulverização da realidade estende-se igualmente aos seus aspectos visíveis, e é aí que excele a qualidade poética de Lucrécio: os grãos de poeira que turbilhonam num raio de sol, na penumbra de um quarto (II, 114-124); as pequeninas conchas, todas iguais e todas diferentes, que a onda empurra docemente para a *bibula harena,* a areia embebida (II, 374-376); as teias de aranha que nos envolvem sem que nos demos conta, enquanto passeamos (III, 381-390).

Já citei as *Metamorfoses* de Ovídio, outro poema enciclopédico (escrito uns cinquenta anos depois do de Lucrécio), que parte, já não da realidade física mas das fábulas mitológicas. Também para Ovídio tudo pode assumir formas novas; também para ele, o conhecimento do mundo é a dissolução de sua compacidade; para Ovídio também existe entre todas as coisas uma paridade essencial, contra todas hierarquias de poder e de valor. Enquanto o mundo de Lucrécio se compõe de átomos inalteráveis, o de Ovídio se compõe de qualidades, de atributos, de formas que definem a diversidade de cada coisa, cada planta, cada animal, cada pessoa; mas não passam de simples e tênues envoltórios de uma substância comum que — se uma profunda paixão a agita — pode transformar-se em algo totalmente diferente.

É seguindo a continuidade da passagem de uma forma a outra que Ovídio deixa transparecer seu talento incomparável

— assim, quando relata como uma mulher percebe que está se transformando em jujubeira: os pés permanecem cravados na terra, uma tenra casca vai subindo aos poucos e a envolve até o púbis; quer arrancar os cabelos, e vê que as mãos estão cheias de folhas. Ou ainda quando descreve os dedos de Aracne, tão ágeis em cardar e desfiar a lã, fazer girar o fuso, enfiar a agulha de bordar, e que de repente vemos se estenderem como delgadas patas de aranha que se põem a tecer a sua teia.

Em Lucrécio como em Ovídio, a leveza é um modo de ver o mundo fundamentado na filosofia e na ciência: as doutrinas de Epicuro para Lucrécio e as doutrinas de Pitágoras para Ovídio (um Pitágoras, tal como Ovídio o apresenta, muito semelhante a Buda). Mas em um e outro caso, a leveza é algo que se cria no processo de escrever, com os meios linguísticos próprios do poeta, independentemente da doutrina filosófica que este pretenda seguir.

À luz do que precede, parece-me que o conceito de leveza começa a precisar-se; espero antes de mais nada haver demonstrado que há uma leveza do pensamento, assim como existe, como todos sabem, uma leveza da frivolidade; ou melhor, a leveza do pensamento pode fazer a frivolidade parecer pesada e opaca.

Não poderia ilustrar melhor essa ideia do que citando uma das histórias do *Decamerão* (VI, 9) em que aparece o poeta florentino Guido Cavalcanti. Boccaccio nos apresenta Cavalcanti como um austero filósofo que passeia meditando diante de uma igreja, entre os sepulcros de mármore. A *jeunesse dorée* de Florença cavalgava em brigadas pela cidade, passando de uma festa a outra, aproveitando todas as ocasiões para ampliar seu círculo de convites recíprocos. Cavalcanti não era nada popular entre esses gentis-homens, porque, embora fosse rico e elegante, sempre se recusava ir à farra com eles, e também porque sua misteriosa filosofia era tida como ímpia:

Ora avvenne un giorno che, essendo Guido partito d'Orto San Michele e venutosene per lo Corso degli Adimari infino a San Giovanni, il quale spesse volte era suo cammino, essendo arche grandi di marmo, che oggi sono in Santa Reparata, e molte altre dintorno a San Giovanni, e egli essendo tralle colonne del porfido che vi sono e quelle arche e la porta di San Giovanni, che serrata era, messer Betto con sua brigata a caval venendo su per la piazza di Santa Reparata, vedendo Guido là tra quelle sepolture, dissero: "Andiamo a dargli briga"; e spronati i cavalli, a guisa d'un assalto sollazzevole gli fùrono, quasi prima che egli se ne avvedesse, sopra e cominciarongli a dire: "Guido, tu rifiuti d'esser di nostra brigata; ma ecco, quando tu avrai trovato che Idio non sia, che avrai fatto?".

A'quali Guido, da lor veggendosi chiuso, prestamente disse: "Signori, voi mi potete dire a casa vostra ciò che vi piace"; e posta la mano sopra una di quelle arche, che grandi erano, si come colui che leggerissimo era, prese un salto e fusi gittato dall'altra parte, e sviluppatosi da loro se n'andò.

Ora, aconteceu que um dia, tendo Guido partido do Orto San Michele, pelo Corso degli Adimari, seguindo um caminho que lhe era familiar, chegou a San Giovanni, onde havia grande quantidade de túmulos, principalmente uns grandes, de mármore, que hoje estão em Santa Reparata; e estando entre as colunas de pórfiro que ali havia e os túmulos e a porta de San Giovanni, que estava fechada, eis que surgiu, vindo pela praça de Santa Reparata, o senhor Betto e sua brigada de cavaleiros, que, vendo Guido ali entre os túmulos, assim disseram: "Vamos provocá-lo"; e, esporeando os cavalos, como se partissem para um assalto de brincadeira, caíram-lhe em cima, quase antes mesmo que ele se desse conta, e começaram a dizer-lhe: "Guido, recusas pertencer à nossa brigada; mas quando finalmente descobrires que Deus não existe, o que farás então?".

Ao que Guido, vendo-se cercado por eles, prestamente respondeu: "Senhores, podeis dizer-me em vossa casa o que bem vos aprouver"; e apoiando-se sobre um daqueles túmulos, que eram bem altos, levíssimo que era, deu um salto arrojando-se para o outro lado e, desembaraçando-se deles, lá se foi.

Não é a réplica sagaz, atribuída a Cavalcanti, o que aqui nos interessa (que se pode interpretar admitindo que o pretenso "epicurismo" do poeta era na verdade averroísmo, segundo o qual a alma individual faz parte do intelecto universal: os túmulos são a vossa casa e não a minha, na medida em que a morte corpórea é vencida por aquele que se eleva à contemplação universal através da especulação do intelecto). O que chama a atenção é a imagem visual que Boccaccio evoca: Cavalcanti libertando-se com um salto, "levíssimo que era".

Se quisesse escolher um símbolo votivo para saudar o novo milênio, escolheria este: o salto ágil e imprevisto do poeta-filósofo que sobreleva o peso do mundo, demonstrando que sua gravidade detém o segredo da leveza, enquanto aquela que muitos julgam ser a vitalidade dos tempos, estrepitante e agressiva, espezinhadora e estrondosa, pertence ao reino da morte, como um cemitério de automóveis enferrujados.

Gostaria que conservassem na memória esta imagem, agora que lhes falarei de Cavalcanti, poeta da leveza. Em seus poemas, as *dramatis personae* são, mais que personagens humanas, suspiros, raios luminosos, imagens óticas, e, principalmente, aqueles impulsos ou mensagens imateriais que ele chama de "spiriti". Em Cavalcanti, um tema tão pouco leve como o sofrimento amoroso se dissolve em entidades impalpáveis, que se deslocam entre alma sensitiva e alma intelectiva, entre coração e mente, entre olhos e voz. Em suma, trata-se sempre de uma entidade triplamente caracterizada: 1) é levíssima; 2) está em movimento; 3) é um vetor de informação. Em certos poemas, essa mensagem-mensageiro é o próprio texto poético: no mais célebre de todos, o poeta no exílio se dirige à própria balada que está escrevendo e diz:

"Va tu, leggera e piana/ dritt'a la donna mia" [Vai, leve e ligeira, direto à minha dama]. Em outro, são os utensílios da escrita — penas de ganso e instrumentos para apontá-las — que assumem a palavra: "Noi siàn le triste penne isbigottite,/ le cesoiuzze e'l coltellin dolente..." [Somos as penas desalentadas/ as tesourinhas e o cutelo dolente...). Em um soneto, a palavra "spirito" ou "spiritello" aparece em cada verso — numa evidente paródia de si mesmo, Cavalcanti leva às últimas consequências sua predileção por essa palavra-chave, concentrando nos catorze versos um relato abstrato e complicado, no qual intervêm catorze "spiriti", cada qual com uma função diversa. Em outro soneto, o corpo encontra-se desmembrado pelo sofrimento amoroso, mas continua a caminhar como um autômato "fatto di rame o di pietra o di legno" [feito de cobre ou pedra ou lenho]. Já num soneto anterior de Guinizelli a pena de amor transformava o poeta numa estátua de latão — imagem muito concreta, que tem sua força exatamente no sentido de peso que nos comunica. Em Cavalcanti, o peso da matéria se dissolve pelo fato de poderem ser numerosos e intercambiáveis os materiais do simulacro humano; a metáfora não impõe um objeto sólido, e nem mesmo a palavra "pedra" chega a tornar pesado o verso. Reencontramos aqui aquela paridade entre tudo o que existe, de que falei a propósito de Lucrécio e de Ovídio. Um mestre da crítica estilística italiana, Gianfranco Contini, define-a como a "equalização cavalcantiana do real".

O exemplo mais feliz de "equalização do real" é dado por Cavalcanti num soneto que abre com uma enumeração de imagens de beleza, todas destinadas a serem superadas pela beleza da mulher amada:

Biltà di donna e di saccente core
e cavalieri armati che sien genti;
cantar d'augelli e ragionar d'amore;
adorni legni'n mar forte correnti;

aria serena quand'apar l'albore
e bianca neve scender senza venti;
rivera d'acqua e prato d'ogni fiore;
oro, argento, azzurro'n ornamenti:

Beleza de mulher, coração sábio,
e cavaleiros armados mas corteses;
cantar das aves, arrazoar de amor;
festivas naus em mar de fortes vagas;

brisa serena quando surge a aurora,
e alva neve que baixa sem ter vento;
corrente d'água e prado de mil flores;
ouro, prata e azul por ornamentos:

O verso "e bianca neve scender senza venti" foi retomado por Dante com poucas variações no canto XIV, verso 30, do "Inferno": "come di neve in alpe sanza vento" [como a neve nos alpes sem ter vento]. Embora sejam quase idênticos, exprimem no entanto duas concepções completamente diversas. Em ambos a neve sem vento evoca um movimento leve e silencioso. Mas termina aí a semelhança e começa a diversidade. Em Dante o verso é dominado pela designação do lugar ("in alpe"), que evoca um cenário montanhoso. Em Cavalcanti, ao contrário, o adjetivo "bianca", que poderia parecer pleonástico, unido ao verbo "scendere", esse também de todo previsível, encerram a paisagem numa atmosfera de suspensa abstração. Mas é sobretudo a primeira palavra que determina o significado distinto dos dois versos. Em Cavalcanti, a conjunção "e" coloca a neve no mesmo plano das outras visões antecedentes ou subsequentes: uma sequência de imagens, que é uma espécie de amostragem das belezas do mundo. Em Dante, o advérbio "come" encerra toda a cena na moldura de uma metáfora, mas esta adquire no interior dessa moldura uma realidade concreta, da mesma forma como é concreta e dramática a paisagem do "Inferno" sob uma chuva de fogo, que a comparação com a neve ilustra. Em Cavalcanti, tudo se move tão rapidamente que não podemos nos dar conta de sua consistência mas apenas de seus efeitos; em Dante, tudo adquire consistência e estabilidade: o peso das coisas é estabelecido com exatidão. Mesmo quando fala de coisas leves, Dante parece querer assinalar o peso exato dessa leveza: "come di neve in alpe sanza vento". Neste, como noutro verso muito parecido, o peso de um corpo que afunda na água e nela desaparece é como que atenuado e contido: "come per acqua cupa cosa grave" [como em água profunda algo pesado] ("Paraíso", III, 123).

Neste ponto devemos recordar que se a ideia de um mundo constituído de átomos sem peso nos impressiona é porque temos experiência do peso das coisas; assim como não podemos admirar a leveza da linguagem se não soubermos admirar igualmente a linguagem dotada de peso.

Podemos dizer que duas vocações opostas se confrontam no campo da literatura através dos séculos: uma tende a fazer, da linguagem um elemento sem peso, flutuando sobre as coisas como uma nuvem, ou melhor, como uma tênue pulverulência, ou, melhor ainda, como um campo de impulsos magnéticos; a outra tende a comunicar peso à linguagem, dar-lhe a espessura, a concreção das coisas, dos corpos, das sensações.

Nas origens da literatura italiana — e europeia — estes dois caminhos foram abertos por Cavalcanti e Dante. A oposição funciona naturalmente em linhas gerais; a riqueza dos recursos de Dante e a sua extraordinária versatilidade, porém, exigiriam inumeráveis exemplificações. Não é por acaso que o soneto de Dante inspirado na mais feliz das levezas ("Guido, i' vorrei che tu e Lapo ed io" [Guido, quisera que tu e Lapo e eu]) seja dedicado a Cavalcanti. Na *Vita nuova*, Dante trata a mesma matéria de seu mestre e amigo, e aí se encontram palavras, motivos e conceitos comuns a ambos os poetas; quando Dante quer exprimir leveza, até mesmo na *Divina comédia*, ninguém sabe fazê-lo melhor que ele; mas sua genialidade se manifesta no sentido oposto, em extrair da língua todas as possibilidades sonoras e emocionais, tudo o que ela pode evocar de sensações; em capturar no verso o mundo em toda a variedade de seus níveis, formas e atributos; em transmitir a ideia de um mundo organizado num sistema, numa ordem, numa hierarquia em que tudo encontra o seu lugar. Forçando um pouco a oposição, poderia dizer que Dante empresta solidez corpórea até mesmo à mais abstrata especulação intelectual, ao passo que Cavalcanti dissolve a concreção da experiência tangível em versos de ritmo escandido, de sílabas bem marcadas, como se o pensamento se destacasse da obscuridade por meio de rápidas descargas elétricas.

O fato de me haver detido sobre Cavalcanti serviu-me para esclarecer melhor (pelo menos para mim) aquilo que entendo por "leveza". A leveza para mim está associada à precisão e à determinação, nunca ao que é vago ou aleatório. Paul Valéry foi quem disse: "Il faut être léger comme l'oiseau, et non comme la plume" [É preciso ser leve como o pássaro, e não como a pluma].

Servi-me de Cavalcanti para exemplificar a leveza em pelo menos três acepções distintas:

1) um despojamento da linguagem por meio do qual os significados são canalizados por um tecido verbal quase imponderável até assumirem essa mesma rarefeita consistência.

Deixo aos ouvintes o trabalho de encontrar outros exemplos nesse sentido. Emily Dickinson, por exemplo, pode nos fornecer quantos quisermos:

A sepal, petal, and a thorn
Upon a common summer's morn —
A flask of Dew — a Bee or two —
A Breeze — a caper in the trees —
And I'm a Rose!

Uma sépala, uma pétala, um espinho
Numa simples manhã de verão...
Um frasco de Orvalho... uma Abelha ou duas...
Uma Brisa... um bulício nas árvores...
E eis-me Rosa!

2) a narração de um raciocínio ou de um processo psicológico no qual interferem elementos sutis e imperceptíveis, ou qualquer descrição que comporte um alto grau de abstração.

Neste ponto, um exemplo mais moderno nos pode ser fornecido por Henry James, bastando abrir um de seus livros ao acaso:

It was as if these depths, constantly bridged over by a structure that was firm enough in spite of its lightness and of its occasional oscillation in the somewhat vertiginous air, invited on occasion, in the interest of their nerves, a dropping of the plummet and a measurement of the abyss. A difference had been made moreover, once for all, by the fact that she had, all the while, not appeared to feel the need of rebutting his charge of an idea within her that she didn't dare to express, uttered just before one of the fullest of their later discussions ended. (The beast in the jungle)

Era como se essas profundezas, regularmente transpostas por uma estrutura bastante firme a despeito de sua leveza e de suas ocasionais oscilações naquele espaço um tanto vertiginoso, os convidassem, de quando em quando, no interesse de seus nervos, a um mergulho do prumo e a uma sondagem do abismo. Uma diferença, além disso, havia surgido, de uma vez por todas, pelo fato de a jovem, nesse ínterim, não demonstrar qualquer necessidade de refutar a acusação que ele lhe havia movido exatamente antes que uma de suas últimas e mais longas discussões chegasse ao fim — a de guardar para si mesma uma ideia que ela não tinha coragem de exprimir. (*A fera na selva*)

3) uma imagem figurativa da leveza que assuma um valor emblemático, como, na história de Boccaccio, Cavalcanti volteando com suas pernas esguias por sobre a pedra tumular.

Há invenções literárias que se impõem à memória mais pela sugestão verbal que pelas palavras. A cena em que Dom Quixote trespassa com a lança a pá de um moinho de vento e é projetado no ar, ocupa apenas umas poucas linhas no romance de Cervantes; pode-se dizer que o autor nela não investiu senão uma quantidade mínima de seus recursos estilísticos; nada obstante, a cena permanece como uma das passagens mais célebres da literatura de todos os tempos.

Penso que com estas indicações posso pôr-me a folhear os livros de minha biblioteca em busca de exemplos de leveza. Vou logo buscar em Shakespeare o ponto em que Mercúcio entra em cena: "You are a lover; borrow Cupid's wings/ and soar with them above a common bound" [Estás amando; pede a Cupido as asas emprestadas/ e paira acima dos vulgares laços]. Mercúcio contradiz imediatamente Romeu, que havia acabado de dizer: "Under love's heavy burden do I sink" [Sob o peso ingente deste amor pereço]. Mercúcio tem um modo de se mover no mundo que é definido pelos primeiros verbos que usa: *to dance, to soar, to prickle* [dançar, pairar, picar]. O semblante humano é uma máscara, *a visor.* Mal entra em cena, sente necessidade de explicar sua filosofia, não com um discurso teórico, mas relatando um sonho: a Rainha Mab. "Queen Mab, the fairies' midwife" [A Rainha Mab, parteira das fadas] aparece numa carruagem feita com "an empty hazel-nut" [uma casca de avelã vazia]:

Her waggon-spokes made of long spinners' legs;
The cover, of the wings of grasshoppers;
The traces, of the smallest spider's web;
The collars, of the moonshine's watery beams;
Her whip, of cricket's bone; the lash, of film;

Feitos de pernas longas de tarântulas
São os raios das rodas do seu carro;
De asas de gafanhotos, a coberta;
As rédeas são da teia de uma aranha;
De úmidos raios de luar, o arreio;
De osso de grilo, o cabo do chicote
E o rebenque de um fio de cabelo
[*Trad. de Onestaldo de Pennafort*]

e não nos esqueçamos que essa carruagem é "drawn with a team of little atomies" [puxada por parelhas de pequenos átomos]: um detalhe decisivo, parece-me, que permite ao sonho da Rainha Mab fundir o atomismo de Lucrécio com o neoplatonismo do Renascimento e o folclore céltico.

Gostaria ainda que o passo de dança de Mercúcio nos acompanhasse para além dos umbrais do novo milênio. Sob vários aspectos, a época que serve de pano de fundo a *Romeu e Julieta* não difere muito da nossa: as cidades ensanguentadas de disputas tão violentas e insensatas quanto as dos Capuleto e Montecchio; a liberação sexual proclamada pela Aia, que não consegue se tornar modelo do amor universal; as experiências de frei Lourenço, levadas a efeito com o generoso otimismo de sua "filosofia natural", mas das quais nunca teremos a certeza de que serão usadas para a vida ou para a morte.

A Renascença shakespeariana conhece os influxos etéreos que conectam macrocosmo e microcosmo desde o firmamento neoplatônico aos espíritos dos metais que se transformam no crisol dos alquimistas. As mitologias clássicas podem fornecer seu repertório de ninfas e de dríades, mas as mitologias célticas, com seus elfos e fadas, são decerto muito mais ricas na imagística de forças naturais mais sutis. Esse ambiente cultural (penso naturalmente nos fascinantes estudos de Francis Yates sobre a filosofia oculta do Renascimento e seus reflexos na literatura) explica por que podemos encontrar em Shakespeare o que há de mais rico em exemplificação para o meu tema. E não estou pensando apenas em Puck e em toda a fantasmagoria do *Sonho de uma noite de verão*, ou em Ariel e em todos aqueles que "are such stuff/ As dreams are made on" [são dessa mesma substância de que são feitos os sonhos], mas sobretudo naquela específica modulação lírica e existencial que permite contemplar o próprio drama como se visto do exterior, e dissolvê-lo em melancólica ironia.

A gravidade sem peso de que falei a propósito de Cavalcanti reaflora na época de Cervantes e Shakespeare: é aquela relação particular entre melancolia e humor, que Klibansky, Panofsky e Saxl estudaram em *Saturn and Melancholy*. Assim como a melancolia é a tristeza que se tornou leve, o humor é o cômico que perdeu peso corpóreo (aquela dimensão da carnalidade humana que no entanto faz a grandeza de Boccaccio e Rabelais) e põe em dúvida o eu e o mundo, com toda a rede de relações que os constituem.

Melancolia e humor mesclados e inseparáveis são a tônica do Príncipe da Dinamarca, que aprendemos a reconhecer em todos ou quase todos dramas shakespearianos, nos lábios dos numerosos avatares do personagem Hamlet. Um deles, Jaques, em *As you like it* (IV,1), assim define a melancolia:

> ... *but it is a melancholy of my own, compounded of many simples, extracted from many objects, and indeed the sundry contemplation of my travels, which, by often rumination, wraps me in a most humorous sadness.*

> ... mas é uma melancolia muito particular, composta de vários elementos simples, extraída de vários objetos, e de fato as inúmeras lembranças de minhas viagens, com frequência ruminadas, envolvem-me numa tristeza ressumada de graça.

Não se trata, pois, dessa melancolia compacta e opaca, mas de um véu de ínfimas partículas de humores e sensações, uma poeira de átomos como tudo aquilo que constitui a última substância da multiplicidade das coisas.

Confesso-me fortemente tentado a construir para mim mesmo um Shakespeare partidário do atomismo de Lucrécio, mas sei que isso seria arbitrário. O primeiro escritor do mundo moderno a professar explicitamente uma concepção atomística do universo em sua transfiguração fantástica só vai aparecer alguns anos mais tarde, na França: Cyrano de Bergerac.

Extraordinário escritor esse Cyrano, que merecia ser mais lembrado, não só como o primeiro e verdadeiro precursor da ficção científica, mas por suas qualidades intelectuais e poéticas. Partidário do sensualismo de Gassendi e da astronomia de Copérnico, mas principalmente nutrindo-se da "filosofia natural" do Renascimento italiano — Giordano Bruno, Cardano, Campanella —, Cyrano é o primeiro poeta do atomismo nas literaturas modernas. Em páginas cuja ironia não dissimula uma verdadeira comoção cósmica, Cyrano celebra a unidade de todas as coisas, animadas ou inanimadas, a combinatória de figuras elementares que determina a variedade das formas vivas; e sabe principalmente traduzir o sentido da precariedade dos processos que as fizeram nascer, ou seja, mostra como faltou muito pouco para que o homem não fosse o homem, nem a vida a vida e o mundo um mundo.

> *Vous vos étonnez comme cette matière, brouillée e pêle-mêle, au gré du hasard, peut avoir constitué un homme, vu qu'il y avait tant de choses nécessaires à la construction de son être, mais vous ne savez pas que cent millions de fois cette matière, s'acheminant au dessein d'un homme, s'est arrêtée à former tantôt une pierre, tantôt du plomb, tantôt du corail, tantôt une fleur, tantôt une comète, pour le trop ou trop peu de certaines figures qu'il fallait ou ne fallait pas à designer un homme? Si bien que ce n'est pas merveille qu'entre une infinie quantité de matière qui change et se remue incessamment, elle ait rencontré à faire le peu d'animaux, de végétaux, de minéraux que nous voyons; non plus que ce n'est pas merveille qu'en cent*

> *coups de dés il arrive une rafle. Aussi bien est-il impossible que de ce remuement il ne se fasse quelque chose, et cette chose sera toujours admirée d'un étourdi qui ne saura pas combien peu s'en est fallu qu'elle n'ait pas été faite.* (Voyage dans la lune)

> Admirai-vos de que essa matéria, misturada confusamente, ao sabor do acaso, tenha podido constituir um homem, visto que havia tantas coisas necessárias à constituição de seu ser, mas não sabeis que cem milhões de vezes essa matéria, avançando no sentido de formar um homem, ora deteve-se a formar uma pedra, ora o chumbo, ora o coral, ora uma flor, ora um cometa, pelo excessivo ou demasiado pouco de certas figuras que ocorriam ou não ocorriam nesse processo de formar um homem? Não é nada de espantar que, em meio a essa infinita quantidade de matéria em constante movimento e alteração, tenha havido a criação dos poucos animais, vegetais e minerais que conhecemos; como não é de espantar que em cem lances de dado ocorra uma parelha. É portanto impossível que daquele revolutear não se fizesse alguma coisa, e essa coisa será sempre admirada com espanto por um doidivanas qualquer que ignore quão pouco faltou para que ela não se fizesse. (*Viagem à lua*)

Nessa toada Cyrano chega mesmo a proclamar a fraternidade entre os homens e as couves, imaginando nestes termos o protesto de uma delas ao ser arrancada da terra:

> *Homme, mon cher frère, que t'ai-je fait qui mérite la mort?* [...] *Je me lève de terre, je m'épanouis, je te tends les bras, je t'offre mes enfants en graine, et pour récompense de ma courtoisie, tu me fais trancher la tête!*

> Homem, caro irmão, que te fiz para merecer a morte? [...] Levanto-me da terra, abro-me, estendo-te os braços, ofereço-te meus filhos na semente, e como recompensa de minha gentileza me cortas a cabeça!

Se pensarmos que essa peroração em favor de uma verdadeira fraternidade universal foi escrita quase cento e cinquenta anos antes da Revolução Francesa, veremos como a lentidão da consciência humana em sair de seu *parochialism* antropocêntrico pode ser anulada em um momento de invenção poética. Tudo isto no contexto de uma viagem à lua, em que Cyrano supera pela imaginação seus predecessores mais ilustres, Luciano de Samósata e Ludovico Ariosto. Nesta minha exposição sobre a leveza, Cyrano figura sobretudo pelo modo como, antes de Newton, abordou o problema da gravitação universal; ou melhor, é o problema de como subtrair-se à força de gravidade que estimula de tal forma a sua fantasia a ponto de fazê-lo inventar toda uma série de sistemas para subir à lua, cada qual mais engenhoso que o outro: utilizando frascos cheios de orvalho que se evaporam ao calor do sol; untando-se com tutano de boi, que normalmente é sugado pela lua; lançando e relançando verticalmente, a partir de uma barquinha de balão, uma bola imantada.

Esse sistema do imã será desenvolvido e aperfeiçoado por Jonathan Swift para suster no ar a ilha volante de Laputa. A aparição de Laputa em pleno vôo marca o momento em que as duas obsessões de Swift parecem anular-se num mágico equilíbrio — refiro-me à abstração incorpórea do racionalismo contra o qual dirige sua sátira, e ao peso material da corporeidade.

> .... *and I could see the sides of it, encompassed with several gradations of Galleries and Stairs, at certain intervals, to descend from one to the other. In the lowest Gallery I beheld some People fishing with long Angling Rods, and others looking on.*

> ... e pude ver-lhe os lados, rodeados por vários níveis de escadas e galerias, permitindo a certos intervalos descer de um a outro corredor. Na galeria inferior, observei algumas pessoas que pescavam com longos caniços, e outras que olhavam.

Swift é contemporâneo e adversário de Newton. Já Voltaire, admirador de Newton, imagina um gigante, Micrômegas, que, ao contrário do de Swift, não se define por sua corporeidade mas por dimensões expressas em números, por propriedades espaciais e temporais enumeradas nos termos rigorosos e impassíveis dos tratados científicos. Graças a essa lógica e a esse estilo, Micrômegas consegue viajar pelo espaço entre Sírius, Saturno e a Terra. O que parece excitar a imaginação literária nas teorias de Newton não será bem o condicionamento de cada coisa ou pessoa à fatalidade do próprio peso, mas antes o equilíbrio das forças que permite aos corpos celestes pairar no espaço.

A imaginação do século XVIII é rica em figuras suspensas no ar. Não foi em vão que no início do século a tradução francesa de Antoine Galland de *As mil e uma noites* havia aberto à fantasia ocidental os horizontes do maravilhoso oriental: tapetes volantes, cavalos voadores, gênios que saíam de lâmpadas.

Esse impulso da imaginação para além de todos os limites vai atingir seu ponto máximo no século XVIII com o voo do Barão de Münchausen numa bala de canhão, imagem definitivamente identificada em nossa memória com a obra-prima que é a ilustração de Gustave Doré. As aventuras do Barão de Münchausen, — que, como *As mil e uma noites,* não se sabe se teve um autor, ou vários, ou nenhum — constituem um desafio permanente às leis da gravidade: o Barão voa nas alturas transportado por gansos, ergue-se a si mesmo e ao cavalo puxando-se pela trança de sua peruca, desce da lua agarrado a uma corda que vai cortando e emendando ao longo da descida.

Estas imagens da literatura popular, juntamente com as que vimos na literatura culta, acompanham a fortuna literária das teorias newtonianas. Aos quinze anos, Giacomo Leopardi escreve uma história da astronomia de extraordinária erudição, em que, entre outras, resume as teorias de Newton. A contemplação do céu noturno, que inspirará a Leopardi seus versos mais admiráveis, não era apenas um motivo lírico; quando falava da lua, sabia exatamente de que falava.

Ao longo de seu discurso ininterrupto sobre o insustentável peso do viver, Leopardi traduz a felicidade inatingível com imagens de extrema leveza: os pássaros, a voz de uma mulher que canta na janela, a transparência do ar, e sobretudo a lua.

Desde que surgiu nos versos dos poetas, a lua teve sempre o poder de comunicar uma sensação de leveza, de suspensão, de silencioso e calmo encantamento. Meu primeiro impulso foi o de dedicar à lua toda esta primeira conferência, acompanhar as aparições da lua na literatura de todos os tempos e países. Depois cheguei à conclusão de que ela pertencia inteiramente a Leopardi. Porque o milagre leopardiano consistiu em aliviar a linguagem de todo o seu peso até fazê-la semelhante à luz da lua. As numerosas aparições da lua em sua obra ocupam poucos versos mas bastam para iluminar toda a composição com sua luz ou para nela projetar a sombra de sua ausência.

Dolce e chiara è la notte e senza vento,
e queta sovra i tetti e in mezzo agli orti
posa la luna, e di lontan rivela
serena ogni montagna.

...

Ó graziosa luna, io mi rammento
che, or volge l'anno, sovra questo colle
io venia pien d'angoscia a rimirarti;
e tu pendevi allor su quella selva
siccome or fai, che tutta rischiari.

...

O cara luna, al cui tranquillo raggio
danzan le lepri nelle selve...

...

Già tutta l'aria imbruna,
torna azzurro il sereno, e tornan l'ombre
giù da' colli e da' tetti,
al biancheggiar della recente luna.

...

Che fai tu, luna, in ciel? dimmi, che fai,
silenziosa luna?
Sorgi la sera, e vai,
contemplando i deserti; indi ti posi.

É doce e clara a noite e não há vento,
e calma sobre os tetos e entre os hortos
repousa a lua, ao longe revelando
serenas as montanhas. [...]

Ó graciosa lua, eu me recordo
que, faz um ano, sobre esta colina,
cheio de angústia, eu vinha contemplar-te:
e pairavas então sobre a floresta
tal como agora a iluminá-la toda. [...]

Amada lua, em cujos raios suaves
dançam as lebres na floresta... [...]

Já todo o ar se ofusca,
torna azul o sereno, e as sombras tombam
dos tetos e colinas
ante a brancura de uma lua nova. [...]

Que fazes tu no céu?, dize, que fazes,
ó lua silenciosa?
Chegada a noite, vais,
contemplando os desertos; e te deitas.

Há demasiados fios intrincando-se em meu discurso? Qual deles devo puxar para ter em mãos a conclusão? Há o fio que enlaça a lua, Leopardi, Newton, a gravitação universal e a levitação... Há o fio de Lucrécio, o atomismo, a filosofia do amor de Cavalcanti, a magia do Renascimento, Cyrano... E há o fio da escrita como metáfora da substância pulverulenta do mundo: já para Lucrécio as letras eram átomos em contínuo movimento, que com suas permutações criavam as palavras e os sons mais diversos; ideia retomada por uma longa tradição de pensadores para quem os segredos do mundo estavam contidos na combinatória dos sinais da escrita: a *Ars magna* de Raimundo Lúlio, a Cabala dos rabinos espanhóis e a de Pico della Mirandola... Mesmo Galileu verá no alfabeto o modelo de todas as combinatórias de unidades mínimas... Em seguida Leibniz...

Devo embrenhar-me por esse caminho? Mas a conclusão que me espera não será demasiado óbvia? A escrita como modelo de todo processo do real... e mesmo como a única realidade cognoscível... ou, ainda, a única realidade *tout court*... Não, não me meterei por esse trilho forçado que me leva longe demais do uso da palavra como a entendo, ou seja, como perseguição incessante das coisas, adequação à sua infinita variedade.

Resta ainda aquele fio que comecei a desenrolar logo ao princípio: a literatura como função existencial, a busca da leveza como reação ao peso do viver. Talvez Lucrécio, talvez Ovídio tivessem sentido essa necessidade: Lucrécio que buscava — ou acreditava buscar — a impassibilidade epicureia; Ovídio que buscava — ou acreditava buscar — a ressurreição em outras vidas segundo Pitágoras.

Habituado como estou a ver na literatura uma busca do conhecimento, para mover-me no terreno existencial necessito considerá-lo extensível à antropologia, à etnologia, à mitologia.

Para enfrentar a precariedade da existência da tribo — a seca, as doenças, os influxos malignos —, o xamã respondia anulando o peso de seu corpo, transportanto-se em voo a um outro mundo, a um outro nível de percepção, onde podia encontrar forças capazes de modificar a realidade. Em séculos e civilizações mais próximos de nós, nas cidades em que a mulher suportava o fardo mais pesado de uma vida de limitações, as bruxas voavam à noite montadas em cabos de vassouras ou em veículos ainda mais leves, como espigas ou palhas de milho. Antes de serem codificadas pelos inquisidores, essas visões fizeram parte do imaginário popular, ou até mesmo, diga-se, da vida real. Vejo uma constante antropológica nesse nexo entre a levitação desejada e a privação sofrida. Tal é o dispositivo antropológico que a literatura perpetua.

Em primeiro lugar, a literatura oral: nas fábulas, o voo a outro mundo é uma situação que se repete com frequência. Entre as "funções" catalogadas por Propp em sua *Morfologia do conto,* esse voo é uma "transferência do herói", assim definida: "O objeto da busca encontra-se habitualmente em *outro* reino, num reino *diverso,* que pode estar situado muito distante em linha horizontal ou a grande altura ou profundidade em linha vertical". Propp passa em seguida a catalogar vários exemplos do caso "O herói voa através do espaço": "no dorso de um cavalo ou de um pássaro, sob a forma de pássaro, numa nave volante, num tapete voador, nas costas de um gigante ou de um gênio, no coche do diabo etc.

Não me parece abusivo relacionar esta função xamânica e feiticeiresca, documentada pela etnologia e o folclore, com o imaginário literário; ao contrário, penso que a racionalidade mais profunda implícita em toda operação literária deva ser procurada nas necessidades antropológicas a que essa corresponde.

Gostaria de encerrar esta conferência recordando um conto de Kafka, "Der Kübelreiter" [O cavaleiro da cuba]. É uma história curta, escrita em 1917, na primeira pessoa, e seu ponto de partida é evidentemente uma situação bastante real naquele inverno de guerra, o mais terrível do império austríaco: a falta de carvão. O narrador parte com sua cuba vazia à procura de carvão para a lareira. No caminho, a cuba lhe serve de cavalo, e chega até a erguê-lo à altura do primeiro andar das casas e a transportá-lo num galeio, como se estivesse na giba de um camelo.

A carvoaria fica num subsolo e o cavaleiro da cuba voa alto demais; tem dificuldades em fazer-se compreender pelo carvoeiro, que estaria disposto a atendê-lo, ao passo que a mulher deste, no andar superior, se recusa a ouvi-lo. O cavaleiro suplica que lhe deem uma pá do carvão mais ordinário, ainda que não possa pagá-lo de imediato. A mulher do carvoeiro tira o avental e espanta o intruso como se estivesse a enxotar uma mosca. A cuba é tão leve que voa para longe com seu cavaleiro, até perder-se além das Montanhas de Gelo.

Muitas das histórias curtas de Kafka são misteriosas e esta o é em particular. Talvez Kafka quisesse apenas nos dizer que sair à procura de um pouco de carvão, numa fria noite em tempo de guerra, se transforma em *quête* (busca) de cavaleiro errante, travessia de caravana no deserto, voo mágico, ao simples balouço de uma cuba vazia. Mas a ideia dessa cuba vazia que nos eleva acima do nível onde se encontra a ajuda alheia, bem como seu egoísmo, a cuba vazia como signo de privação, de desejo e de busca, que nos eleva a ponto de a nossa humilde oração já não poder ser atendida — essa cuba abre caminho a reflexões infindas.

Evoquei aqui o xamã e o herói das fábulas, a privação sofrida que se transforma em leveza e permite voar ao reino em que todas as necessidades serão magicamente recompensadas. Falei de bruxas que voavam usando utensílios domésticos, tão modestos quanto pode ser uma cuba. Mas o herói deste conto de Kafka não parece dotado de poderes xamânicos ou feiticeirescos; nem o reino para além das Montanhas de Gelo parece aquele em que a cuba vazia encontrará algo que possa enchê-la. Tanto mais que se estivesse cheia não teria conseguido voar. Assim, a cavalo em nossa cuba, iremos ao encontro do próximo milênio sem esperar encontrar nele nada além daquilo que seremos capazes de levar-lhe. A leveza, por exemplo, cujas virtudes esta conferência procurou ilustrar.

2
RAPIDEZ

Começarei pelo relato de uma antiga lenda.

O imperador Carlos Magno, já em avançada idade, apaixonou-se por uma donzela alemã. Os barões da corte andavam muito preocupados vendo que o soberano, entregue a uma paixão amorosa que o fazia esquecer sua dignidade real, negligenciava os deveres do Império. Quando a jovem morreu subitamente, os dignitários respiraram aliviados, mas por pouco tempo, pois o amor de Carlos Magno não morreu com ela. O imperador mandou embalsamar o cadáver e transportá-lo para a sua câmara, recusando separar-se dele. O arcebispo Turpino, apavorado com essa paixão macabra, suspeitou que havia ali um sortilégio e quis examinar o cadáver. Oculto sob a língua da morta, encontrou um anel com uma pedra preciosa. A partir do momento em que o anel passou às mãos de Turpino, Carlos Magno apressou-se em mandar sepultar o cadáver e transferiu seu amor para a pessoa do arcebispo. Turpino, para fugir àquela embaraçosa situação, atirou o anel no lago Constança. Carlos Magno apaixonou-se então pelo lago e nunca mais quis se afastar de suas margens.

Essa lenda, "tirada de um livro de magia", foi retomada, de maneira ainda mais concisa do que consegui relatá-la, pelo escritor romântico francês Barbey d'Aurevilly, num caderno de anotações inédito. Pode ser lida nas notas da edição de La

Pléiade das obras de Barbey d'Aurevilly (I, p. 1315). Desde o momento em que a li, ela passou a voltar-me seguidamente ao espírito, como se o sortilégio do anel continuasse a agir através do relato.

Tentemos explicar as razões pelas quais uma história como essa tem o poder de fascinar-nos. Há uma sucessão de acontecimentos que escapam todos à norma, encadeados um ao outro: a paixão de um velho por uma jovem, uma obsessão necrófila, uma propensão homossexual, e no fim tudo se aplaca numa contemplação melancólica, com o velho rei absorto à vista do lago. "Charlemagne, la vue attachée sur son lac de Constance, amoureux de l'abîme caché", escreve Barbey d'Aurevilly no trecho do romance ao qual se reporta a nota em que a lenda é relatada. (*Une vieille maîtresse*)

O que assegura a justaposição dessa cadeia de acontecimentos é um liame verbal, a palavra "amor" ou "paixão", que estabelece uma continuidade entre as várias formas de atração, e um liame narrativo, o anel mágico, que estabelece uma relação lógica, de causa e efeito, entre os vários episódios. A corrida do desejo em direção a um objeto que não existe, uma ausência, uma falta, simbolizada pelo círculo vazio do anel, é dada mais pelo ritmo do conto do que pelos fatos narrados. Do mesmo modo, toda a narrativa é percorrida pela sensação da morte em que parece debater-se ansiosamente Carlos Magno à medida que se agarra aos liames da vida, e que vai aplacar-se mais tarde na contemplação do lago.

O verdadeiro protagonista do conto é, no entanto, o anel mágico: porque são seus movimentos que determinam os dos personagens e porque o anel é que estabelece a relação entre eles. Em torno do objeto mágico forma-se como que um campo de forças, que é o campo do conto. Podemos dizer que o objeto mágico é um signo reconhecível que torna explícita a correlação entre os personagens ou entre os acontecimentos: uma função narrativa cujas origens podemos encontrar nas sagas nórdicas e nos romances de cavalaria, e que continua a aparecer nos poemas italianos do Renascimento. No *Orlando furioso* assistimos a uma série interminável de trocas de objetos — espadas, escudos, elmos, cavalos —, cada qual dotado de uma propriedade característica, de tal forma que se poderia descrever o enredo pelas mudanças de proprietário de um certo número de objetos dotados de certos poderes, que determinam as relações entre certo número de personagens.

No romance realista, o elmo de Mambrino se transforma numa bacia de barbeiro, mas sem perder importância nem significado; assim como são importantíssimos todos os objetos que Robinson Crusoe salva do naufrágio ou aqueles que fabrica com suas próprias mãos. A partir do momento em que um objeto comparece numa descrição, podemos dizer que ele se carrega de uma força especial, torna-se como o polo de um campo magnético, o nó de uma rede de correlações invisíveis. O simbolismo de um objeto pode ser mais ou menos explícito, mas existe sempre. Podemos dizer que numa narrativa um objeto é sempre um objeto mágico.

A lenda de Carlos Magno — voltemos a ela — tem por trás de si uma tradição na literatura italiana. Em suas "Cartas familiares" (I, 4), Petrarca relata haver conhecido essa "graciosa historieta" (*fabella non inamena*), na qual declara não acreditar, por ocasião de sua visita ao sepulcro de Carlos Magno em Aachen. No latim de Petrarca, o relato é muito mais rico de detalhes e sensações (obedecendo a uma miraculosa inspiração divina, o bispo de Colônia rebusca com o dedo por baixo da língua gélida e rígida do cadáver, *sub gelida rigentique lingua*) bem como de comentários morais, mas prefiro a força sugestiva do despojado resumo, em que tudo é deixado à imaginação e a rápida sucessão dos fatos empresta um sentido de inelutável.

A lenda ressurge no florido italiano do século XVI, em diversas versões, nas quais o aspecto necrófilo é aquele que se desenvolve mais. Sebastiano Erizzo, narrador veneziano, faz Carlos Magno pronunciar, na cama com o cadáver, uma lamentação de várias páginas. Já o aspecto da paixão homossexual pelo bispo só é mencionado de modo alusivo, e é até mesmo censurado, como em um dos mais famosos tratados sobre o amor do século XVI, o de Giuseppe Betussi, no qual a história termina com a descoberta do anel. Quanto ao final, tanto em Petrarca quanto em seus continuadores italianos não se fala do lago de Constança porque toda a ação se desenvolve em Aachen, já que a lenda explicaria as origens do palácio e do templo que o imperador fez aí construir; o anel é jogado num charco, cuja lama fétida o imperador aspira como se fosse um perfume, antes de se banhar "voluptuosamente em suas águas" (estabelecendo-se aqui um laço com outras lendas locais sobre a origem das fontes térmicas), detalhe que acentua ainda mais o efeito mortuário de todo o conjunto.

Muito mais recuadas no tempo, as tradições medievais alemãs estudadas por Gaston Paris tratam o amor de Carlos Magno pela jovem morta com variantes que a transformam numa história bem diversa: ora a amada é a legítima esposa do imperador, a qual assegura a fidelidade do marido por meio do anel mágico; ora é uma fada ou ninfa que morre mal lhe subtraem o anel; ora é uma mulher que parece viva mas ao ser privada do anel se transforma em cadáver. Na origem de tudo está provavelmente uma saga escandinava: o rei norueguês Harold dorme com a rainha defunta envolta num manto mágico que a conserva como viva.

Em suma: nas versões recolhidas por Gaston Paris falta a sucessão encadeada dos acontecimentos, e nas versões literárias de Petrarca e dos escritores do Renascimento falta a rapidez. Por isso continuo a preferir a versão referida por Barbey d'Aurevilly, não obstante sua rudeza um tanto *patched up:* o segredo está na economia da narrativa em que os acontecimentos, independentemente de sua duração, se tornam punctiformes, interligados por segmentos retilíneos, num desenho em zigue-zagues que corresponde a um movimento ininterrupto.

Não quero de forma alguma dizer com isto que a rapidez seja um valor em si: o tempo narrativo pode ser também retardador ou cíclico, ou imóvel. Em todo caso, o conto opera sobre a duração, é um sortilégio que age sobre o passar do tempo, contraindo-o ou dilatando-o. Na Sicília, os contadores de histórias usam uma fórmula: "lu cuntu num metti tempu" [o conto não perde tempo], quando quer saltar passagens inteiras ou indicar um intervalo de meses ou de anos. A técnica da narração oral na tradição popular obedece a critérios de funcionalidade: negligencia os detalhes inúteis mas insiste nas repetições, por exemplo quando a história apresenta uma série de obstáculos a superar. O prazer infantil de ouvir histórias reside igualmente na espera dessas repetições: situações, frases, fórmulas. Assim como nas poesias e nas canções as rimas escandem o ritmo, nas narrativas em prosa há acontecimentos que rimam entre si. A eficácia narrativa da lenda de Carlos Magno está precisamente naquela sucessão de acontecimentos que se respondem uns aos outros como as rimas numa poesia.

Se num determinado período de minha atividade literária senti certa atração pelos contos populares e as histórias de fadas, isso não se deveu à fidelidade a uma tradição étnica (dado que minhas raízes se encontram numa Itália inteiramente moderna e cosmopolita), nem por nostalgia de minhas leituras infantis (em minha família as crianças deviam ler apenas livros instrutivos e com algum fundamento científico), mas por interesse estilístico e estrutural, pela economia, o ritmo, a lógica essencial com que tais contos são narrados. Em meu trabalho de transcrição de fábulas italianas, que fiz com base em documentos dos estudiosos de nosso folclore do século passado, encontrava especial prazer quando o texto original era muito lacônico e me propunha recontá-lo respeitando-lhe a concisão e procurando dela extrair o máximo de eficácia narrativa e sugestão poética. Por exemplo:

> Um Rei adoeceu. Vieram os médicos e disseram: "Majestade, se quereis curar-vos é necessário arrancar uma pena do Ogro. É um remédio difícil de arranjar, pois o Ogro come todos os cristãos que encontra".

O Rei falou a todos mas ninguém se prestou a ir. Pediu a um de seus súditos, muito fiel e corajoso, e este disse: "Eu vou". Mostraram-lhe o caminho: "Em cima de um monte há sete cavernas; numa delas está o Ogro".

O homem lá se foi e a noite o surpreendeu no caminho. Parou numa hospedagem... (*Fábulas italianas, 57*)

Nada se informa sobre a doença de que sofre o rei, de como será possível que um ogro tenha penas, ou como podem ser as tais cavernas. Mas tudo o que é nomeado tem uma função necessária no enredo. A principal característica do conto popular é a economia de expressão: as peripécias mais extraordinárias são relatadas levando em conta apenas o essencial; é sempre uma luta contra o tempo, contra os obstáculos que impedem ou retardam a realização de um desejo ou a restauração de um bem perdido. O tempo pode até parar de todo, como no castelo da Bela Adormecida, bastando para isso que Charles Perrault escreva:

les broches même qui étaient au feu toutes pleines de perdrix et de faisans s'endormirent, et le feu aussi. Tout cela se fit en un moment: les fées n'étaient pas longues à leur besogne.

até mesmo os espetos no fogo, cheios de perdizes e faisões, haviam adormecido, e bem assim o fogo. Tudo isso aconteceu num breve instante: as fadas não perdiam tempo no executar os seus prodígios.

A relatividade do tempo aparece como tema num conto popular que se encontra difundido por quase toda parte: a viagem de ida ao além, que parece durar apenas algumas horas para quem a realiza, ao passo que, na volta, o ponto de partida se torna irreconhecível porque se passaram anos e anos. Quero lembrar de passagem que nas origens da literatura norte-americana este motivo deu origem ao *Rip Van Winkle* de Washington

Irving, assumindo significado de um mito de fundação desta sociedade baseada na transformação.

Este motivo pode ser entendido inclusive como uma alegoria do tempo narrativo, de sua incomensurabilidade com relação ao tempo real. E pode-se reconhecer o mesmo significado na operação inversa, ou seja, na dilatação do tempo pela proliferação de uma história em outra, que é uma característica da novelística oriental. Sheherazade conta uma história na qual se conta uma história na qual se conta uma história, e assim por diante.

A arte que permite a Sheherazade salvar sua vida a cada noite está no saber encadear uma história a outra, interrompendo-a no momento exato: duas operações sobre a continuidade e a descontinuidade do tempo. É um segredo de ritmo, uma forma de capturar o tempo que podemos reconhecer desde as suas origens: na poesia épica por causa da métrica do verso, na narração em prosa pelas diversas maneiras de manter aceso o desejo de se ouvir o resto.

Todos conhecemos a desagradável sensação que se prova quando alguém pretende contar uma anedota sem ter jeito para isso, confundindo os efeitos, principalmente a concatenação e o ritmo. Tal sensação é evocada numa historieta de Boccaccio (VI, 1) dedicada precisamente à arte do relato oral.

Uma alegre companhia de damas e cavalheiros, hospedados na casa de campo de uma senhora florentina, decidem fazer um passeio a pé depois do almoço para irem até uma outra amena localidade das vizinhanças. Para tornar o passeio mais agradável, um dos senhores se oferece a contar uma história:

> *"Madonna Oretta, quando voi vogliate, io vi porterò, gran parte della via che a andare abbiamo, a cavallo con una delle belle novelle del mondo".*
>
> *Al quale la donna rispuose: "Messere, anzi ve ne priego io molto, e sarammi carissimo".*
>
> *Messer lo cavaliere, al quale forse non stava meglio la spada allato che'l novellar nella lingua, udito questo, cominciò una sua novella, la*

quale nel vero da sé era bellissima, ma egli or tre e quatro e sei volte replicando una medesima parola e ora indietro tornando e talvolta dicendo: "Io non disse bene" e spesso ne' nomi errando, un per un altro ponendone, fieramente la guastava: senza che egli pessimamente, secondo le qualità delle personne e gli atti che accadevano, profereva.

Di che a madonna Oretta, udendolo, spesse volte veniva un sudore e uno sfinimento di cuore, como se inferma fosse stata per terminare; la qual cosa poi che più sofferir non poté, conoscendo che il cavaliere era entrato nel pecoreccio né era per riuscirne, piacevolmente disse: "Messer, questo vostro cavallo ha troppo duro trotto, per che io vi priego che vi piaccia di pormi a piè".

"Senhora Oretta, se assim quiserdes, poderei, por grande parte do caminho que teremos de andar, levar-vos a cavalo numa das mais belas histórias deste mundo".

Ao que a dama respondeu: "Caro senhor, até mesmo vos peço com insistência, pois nada me seria mais agradável".

A estas palavras, o cavalheiro, que talvez não tivesse na cintura melhor graça com a espada do que na língua com a arte de contar, começou sua narrativa, a qual na verdade era em si belíssima, mas que ele, ora repetindo a mesma palavra três, quatro ou seis vezes, ora voltando atrás, ora dizendo: "Não é bem assim" e errando com frequência nos nomes, trocando uns pelos outros, acabava por horrivelmente estropiar, omitindo-se pessimamente de adequar o tom da narrativa às qualidades dos personagens e à natureza dos acontecimentos.

No que a senhora Oretta, ao ouvi-lo, sentia vezes sem conta vir-lhe um suor frio e um desfalecimento do coração, como se estivesse enferma para morrer; e não podendo aguentar por mais muito tempo, sabendo que o cavalheiro havia entrado num aranzel do qual não conseguiria sair-se, gostosamente lhe disse: "Meu caro senhor, vosso cavalo é um tanto duro de trote, pelo que vos peço me deixeis a pé".

A narrativa é um cavalo: um meio de transporte cujo tipo de andadura, trote ou galope, depende do percurso a ser executado, embora a velocidade de que se fala aqui seja uma velocidade mental. Os defeitos do narrador inepto enumerados por Boccaccio são principalmente ofensas ao ritmo; mas são também os defeitos de estilo, por não se exprimir apropriadamente segundo os personagens e a ação, ou seja, considerando bem, até mesmo a propriedade estilística exige rapidez de adaptação, uma agilidade da expressão e do pensamento.

O cavalo como emblema da velocidade também mental marca toda a história da literatura, prenunciando toda a problemática própria de nosso horizonte tecnológico. A era da velocidade, nos transportes como nas informações, começa com um dos mais belos ensaios da literatura inglesa, *The English mail-coach* [A mala postal inglesa] de Thomas De Quincey, que em 1849 já havia compreendido tudo o que hoje sabemos sobre o mundo motorizado e as rodovias, inclusive colisões mortais a alta velocidade.

De Quincey descreve uma viagem noturna na boleia de uma dessas diligências velocíssimas, ao lado de um cocheiro gigantesco que dormia profundamente. A perfeição técnica do veículo e a transformação de seu condutor em cego objeto inanimado colocam o viajante à mercê da inexorável precisão da máquina. Com a acuidade de suas sensações acentuada por uma dose de láudano que havia ingerido, De Quincey se dá conta de que os cavalos estão correndo a uma velocidade de treze milhas por hora, pelo lado *direito* da estrada. O que significava um desastre inevitável, não para a mala postal velocíssima e robusta, mas para a primeira carruagem que tivesse a infelicidade de vir por aquela estrada, em sentido oposto! De fato, lá no fim do caminho arborizado que lembra a nave de uma catedral, vindo pela direita, o narrador avista uma frágil caleche de vime, conduzida por um jovem casal que avança a uma milha por hora. "Between them and eternity, to all human calculation, there is but a minute and a half" [Entre eles e a eternidade, conforme toda estimativa humana, não havia mais do que um minuto e meio].

De Quincey dá um grito. "Mine had been the first step; the second was for the young man; the third was for God" [O primeiro passo tinha sido meu; o segundo competia ao moço; o terceiro, a Deus].

O relato desses poucos segundos permanece insuperável, mesmo em nossa época, em que a experiência das grandes velocidades se tornou fundamental para a vida humana.

> *Glance of eye, thought of man, wing of angel, which of these had speed enough to sweep between the question and the answer, and divide the one from the other? Light does not tread upon the steps of light more indivisibly than did our all-conquering arrival upon the escaping efforts of the gig.*

> Piscar de olhos, pensamento humano, asa de anjo: que seria bastante veloz para interpor-se entre a pergunta e a resposta, separando uma da outra? A luz não é mais instantânea em seguir seus próprios rastros do que era o nosso avanço inexorável sobre a caleche que se esforçava em se esquivar.

De Quincey consegue dar a sensação de um lapso de tempo extremamente breve, que não apenas inclui o cálculo da inevitabilidade técnica do encontro, mas igualmente o imponderável, essa parte de Deus, graças à qual os dois veículos não se chocam.

O tema que aqui nos interessa não é a velocidade física, mas a relação entre velocidade física e velocidade mental. Essa relação interessou igualmente um grande poeta italiano contemporâneo de De Quincey: Giacomo Leopardi. Em sua juventude, que não podia ter sido mais sedentária, um de seus raros momentos de alegria pode ser encontrado nestas notas de seu *Zibaldone,* quando escreve:

> *La velocità, per esempio, de' cavalli o veduta, o sperimentata, cioè quando essi vi trasportano* [...] *è piacevolissima per sé sola, cioè per*

la vivacità, l'energia, la forza, la vita di tal sensazione. Essa desta realmente una quasi idea dell'infinito, sublima l'anima, la fortifica... (27 Ottobre 1821).

A velocidade, dos cavalos, por exemplo, seja quando a vemos ou quando a experimentamos, transportados por eles, é agradabilíssima em si mesma, ou seja, pela vivacidade, a energia, a força, a vida que tal sensação nos proporciona. Ela suscita realmente uma quase ideia de infinito, sublima a alma, fortalece-a...

Nas notas do *Zibaldone* tomadas nos meses subsequentes, Leopardi desenvolve suas reflexões sobre a velocidade e, em certo ponto, chega até a falar do estilo:

La rapidità e la concisione dello stile piace perché presenta all'anima una folla d'idee simultanee, così rapidamente succedentisi, che paiono simultanee, e fanno ondeggiar l'anima in una tale abbondanza di pensieri, o d'immagini e sensazioni spirituali, ch'ella o non è capace di abbracciarle tutte, e pienamente ciascuna, o non ha tempo di restare in ozio, e priva di sensazioni. La forza dello stile poetico, che in gran parte è tutt'uno colla rapidità, non è piacevole per altro che per questi effetti, e non consiste in altro. L'eccitamento d'idee simultanee, può derivare e da ciascuna parola isolata, o propria o metafórica, e della loro collocazione, e dal giro della frase, e dalla soppressione stessa di altre parole o frasi ec. (3 Novembre 1821).

A rapidez e a concisão do estilo agradam porque apresentam à alma uma turba de ideias simultâneas, ou cuja sucessão é tão rápida que parecem simultâneas, e fazem a alma ondular numa tal abundância de pensamento, imagens ou sensações espirituais, que ela ou não consegue abraçá-las todas de uma vez nem inteiramente a cada uma, ou não tem tempo de permanecer ociosa e desprovida de sensações. A força do estilo poético, que em grande parte se identifica com a rapidez, não nos deleita senão por esses efeitos, e não consiste senão disso. A excitação das ideias simultâneas pode ser provocada tanto por uma palavra isolada, no sentido próprio ou metafórico, quanto por sua colocação na frase, ou pela sua elaboração, bem como pela simples supressão de outras palavras ou frases etc.

A metáfora do cavalo para designar a velocidade da mente creio que foi usada pela primeira vez por Galileu Galilei. Em seu livro *Saggiatore* [Experimentador], polemizando com um adversário que sustentava suas próprias teses com grande número de citações clássicas, Galileu escreve:

> *Se il discorrere circa un problema difficile fosse come il portar pesi, dove molti cavalli porteranno più sacca di grano che un caval solo, io acconsentirei che i molti discorsi facessero più che un solo; ma il discorrere è come il correre, e non come il portare, ed un caval barbero solo correrà più che cento frisoni* (45).

> Se o discorrer sobre um problema difícil fosse como o transportar pesos, caso em que muitos cavalos podem transportar mais sacos de trigo do que um só cavalo, admitiria então que uma pluralidade de discursos valesse mais que apenas um; mas o discorrer é como o correr, e não como o transportar, e um só cavalo árabe há de correr muito mais que cem cavalos frísios.

"Discorrer", "discurso" para Galileu quer dizer raciocínio, e quase sempre raciocínio dedutivo. "O discorrer é como o correr": esta afirmação é como o programa estilístico de Galileu, o estilo como método do pensamento e como gosto literário — a rapidez, a agilidade do raciocínio, a economia de argumentos, mas igualmente a fantasia dos exemplos são para Galileu qualidades decisivas do bem pensar.

Acrescentemos a isso uma predileção pelo cavalo, que Galileu demonstra em suas metáforas e nos *Gedanken-Experimenten;* num estudo que fiz sobre a metáfora nos escritos de Galileu, contei pelo menos onze exemplos significativos em que ele fala de cavalos: como imagens de movimento, portanto como instrumentos de experimentação cinética; como formas da natureza em toda sua complexidade e também em toda sua beleza; como formas que desencadeiam a imaginação, nas hipóteses de cavalos submetidos a provas mais inverossímeis ou ampliados a dimensões gigantescas; sem esquecer a identificação do raciocínio com a corrida equestre: "o discorrer é como o correr".

A velocidade do pensamento no *Diálogo sobre os grandes sistemas* é personificada por Sagredo, um personagem que intervém na discussão entre o ptolemaico Simplício e o copernicano Salviati. Salviati e Sagredo representam duas facetas distintas do temperamento de Galileu: Salviati é o homem de raciocínio metodologicamente rigoroso, que procede lentamente e com prudência; Sagredo é caracterizado por seu "velocíssimo discurso", por um espírito mais imaginativo, mais inclinado a concluir que a demonstrar e a levar cada ideia às últimas consequências, como ao elaborar hipóteses de como seria a vida na lua ou o que haveria de acontecer se a terra parasse de girar.

Será no entanto Salviatti quem definirá a escala de valores em que Galileu situa a velocidade mental: o raciocínio instantâneo, sem *passagens*, é o da mente de Deus, infinitamente superior ao da mente humana, a qual no entanto não deve ser menosprezada nem considerada nula, porquanto criada por Deus, e que avançando passo a passo chegou a compreender, investigar e realizar coisas maravilhosas. Neste ponto intervém Sagredo, com o elogio da mais bela invenção humana, a do alfabeto (*Diálogo sobre os grandes sistemas,* fim da primeira Jornada):

> *Ma sopra tutte le invenzioni stupende, qual eminenza di mente fu quella di colui che s'immaginò di trovar modo di comunicare i suoi più reconditi pensieri a qualsivoglia altra persona, benché distante per lunghissimo intervallo di luogo e di tempo? parlare con quelli che son nell'Indie, parlare a quelli che non sono ancora nati né saranno se non di qua a mille e dieci mila anni? e con qual facilità? con i vari accozzamenti di venti caratteruzzi sopra una carta.*

> Mas pairando acima de todas essas invenções estupendas, a que altura superior estava a mente daquele que se propôs inventar um modo de comunicar seus mais recônditos pensamentos a não importa que outra pessoa, por mais extenso que fosse o intervalo de tempo e espaço existente entre ambos? falar com alguém que estivesse nas Índias, ou com aqueles que ainda não nasceram ou que irão nascer só daqui a mil ou dez mil anos? e com que facilidade! com as combinações variáveis de vinte pequenos caracteres numa folha de papel.

Em minha conferência anterior, a propósito da leveza, havia citado Lucrécio, que via na combinatória do alfabeto o modelo da impalpável estrutura atômica da matéria; hoje cito Galileu, que via na combinatória alfabética ("as combinações variáveis de vinte pequenos caracteres") o instrumento insuperável da comunicação. Comunicação entre pessoas distantes no espaço e no tempo, dizia Galileu; mas ocorre acrescentar igualmente a comunicação imediata que a escrita estabelece entre todos os seres existentes ou possíveis.

Dado que me propus em cada uma destas conferências recomendar ao próximo milênio um valor que me seja especialmente caro, o valor que hoje quero recomendar é precisamente este: numa época em que outros *media* triunfam, dotados de uma velocidade espantosa e de um raio de ação extremamente extenso, arriscando reduzir toda comunicação a uma crosta uniforme e homogênea, a função da literatura é a comunicação entre o que é diverso pelo fato de ser diverso, não embotando mas antes exaltando a diferença, segundo a vocação própria da linguagem escrita.

O século da motorização impôs a velocidade como um valor mensurável, cujos recordes balizam a história do progresso da máquina e do homem. Mas a velocidade mental não pode ser medida e não permite comparações ou disputas, nem pode dispor os resultados obtidos numa perspectiva histórica. A velocidade mental vale por si mesma, pelo prazer que proporciona àqueles que são sensíveis a esse prazer, e não pela utilidade prática que se possa extrair dela. Um raciocínio rápido não é necessariamente superior a um raciocínio ponderado, ao contrário; mas comunica algo de especial que está precisamente nessa ligeireza.

Qualquer valor que escolha como tema de minhas conferências — já o disse a princípio — não pretende excluir o seu valor contrário: assim como em meu elogio à leveza estava implícito meu respeito pelo peso, assim esta apologia da rapidez não pretende negar os prazeres do retardamento. A literatura desenvolveu várias técnicas para retardar o curso do tempo; já recordei a iteração; resta mencionar a digressão.

Na vida prática, o tempo é uma riqueza de que somos avaros; na literatura, o tempo é uma riqueza de que se pode dispor com prodigalidade e indiferença: não se trata de chegar primeiro a um limite preestabelecido; ao contrário, a economia de tempo é uma coisa boa, porque quanto mais tempo economizamos, mais tempo poderemos perder. A rapidez de estilo e de pensamento quer dizer antes de mais nada agilidade, mobilidade, desenvoltura; qualidades essas que se combinam com uma escrita propensa às divagações, a saltar de um assunto para outro, a perder o fio do relato para reencontrá-lo ao fim de inumeráveis circunlóquios.

A grande invenção de Laurence Sterne consistiu no romance inteiramente feito de digressões — exemplo que será logo seguido por Diderot. A divagação ou digressão é uma estratégia para protelar a conclusão, uma multiplicação do tempo no interior da obra, uma fuga permanente; fuga de quê? Da morte, naturalmente, diz em sua introdução ao *Tristram Shandy* o escritor italiano Carlo Levi, que poucos imaginariam admirador de Sterne, ao passo que seu segredo consistia exatamente em adotar um espírito divagador e o sentido de um tempo ilimitado até mesmo na observação dos problemas sociais. Escreveu Levi:

L'orologio è il primo símbolo di Shandy, sotto il suo influsso egli viene generato, ed iniziano le sue disgrazie, che sono tutt'uno con questo segno del tempo. La morte sta nascosta negli orologi, come diceva il

Belli; e l'infelicità della vita individuate, di questo frammento, di questa cosa scissa e disgregata, e priva di totalità: la morte, che è il tempo, il tempo della individuazione, della separazione, l'astratto tempo che rotola verso la sua fine. Tristram Shandy non vuol nascere, perché non vuol morire. Tutti i mezzi, tutte le armi sono buone per salvarsi dalla morte e dal tempo. Se la linea retta è la più breve fra due punti fatali e inevitabili, le digressioni la allungheranno: e se queste digressioni diventeranno così complesse, aggrovigliate, tortuose, così rapide da far perdere le proprie tracce, chissà che la morte non ci trovi più, che il tempo si smarrisca, e che possiamo restare celati nei mutevoli nascondigli.

O relógio é o primeiro símbolo de Shandy, é sob seu influxo que ele foi gerado e que começaram todos os seus dissabores, os quais são indissociáveis desse signo do tempo. A morte está oculta nos relógios, como dizia Belli; e a infelicidade da vida individual, desse fragmento, dessa coisa cindida e desagregada, e desprovida de totalidade: a morte, que é o tempo, o tempo da individualidade, da separação, o tempo abstrato que rola em direção ao fim. Tristram Shandy não quer nascer porque não quer morrer. Todos os meios são bons, todas as armas, para escapar à morte e ao tempo. Se a linha reta é a mais curta entre dois pontos fatais e inevitáveis, as digressões servem para alongá-la; e se essas digressões se tornam tão complexas, emaranhadas, tortuosas, tão rápidas que nos fazem perder seu rastro, quem sabe a morte não nos encontrará, o tempo se extraviará, e poderemos permanecer ocultos em mutáveis esconderijos.

Palavras que me fazem refletir. Porque não sou um cultor da divagação; poderia dizer que prefiro ater-me à linha reta, na esperança de que ela prossiga até o infinito e me torne inalcançável. Prefiro calcular demoradamente minha trajetória de fuga, esperando poder lançar-me como uma flecha e desaparecer no horizonte. Ou ainda, se esbarrar com demasiados obstáculos no caminho, calcular a série de segmentos retilíneos que me conduzam para fora do labirinto no mais breve espaço de tempo.

Desde a juventude, já havia escolhido por divisa a velha máxima latina *Festina lente,* "apressa-te lentamente". Talvez tenha sido, mais que as palavras e o conceito, a própria sugestão dos emblemas o que de fato me atraiu. Devem lembrar-se daquele que Aldo Manuzio, o grande editor e humanista veneziano, fazia gravar na capa de todas as suas edições, simbolizando a divisa *Festina lente* sob a forma de um golfinho que desliza sinuoso em torno de uma âncora. Essa elegante vinheta gráfica, que Erasmo de Rotterdam comentou em páginas memoráveis, representa a intensidade e a constância do trabalho intelectual. Mas o golfinho e a âncora pertencem a um mundo homogêneo de imagens marinhas, e sempre preferi os emblemas que reúnem figuras incôngruas e enigmáticas, como os rébus. Tais a borboleta e o caranguejo que ilustram a *Festina lente* na coleção de emblemas do século XV de Paolo Giovio: duas formas animais, ambas bizarras e simétricas, que estabelecem entre si uma harmonia inesperada.

Desde o início, em meu trabalho de escritor esforcei-me por seguir o percurso velocíssimo dos circuitos mentais que captam e reúnem pontos longínquos do espaço e do tempo. Em minha predileção pela aventura e a fábula buscava sempre o equivalente de uma energia interior, de uma dinâmica mental. Assestava para a imagem e para o movimento que brota naturalmente dela, embora sabendo sempre que não se pode falar de um resultado literário senão quando essa corrente da imaginação se transforma em palavras. O êxito do escritor, tanto em prosa quanto em verso, está na felicidade da expressão verbal, que em alguns casos pode realizar-se por meio de uma fulguração repentina, mas que em regra geral implica uma paciente procura do *mot juste,* da frase em que todos os elementos são insubstituíveis, do encontro de sons e conceitos que sejam os mais eficazes e densos de significado. Estou convencido de que escrever prosa em nada difere do escrever poesia; em ambos os casos, trata-se da busca de uma expressão necessária, única, densa, concisa, memorável.

É difícil manter esse tipo de tensão em obras muito longas; ademais, meu temperamento me leva a realizar-me melhor em textos curtos — minha obra se compõe em sua maior parte de *short stories*. Por exemplo: o tipo de experiências que realizei em *Le cosmicomiche* e *Ti con zero*, dando evidência narrativa a ideias abstratas de espaço e de tempo, não poderia verificar-se senão no âmbito do conto. Mas experimentei composições ainda mais breves, com um desenvolvimento narrativo mais reduzido, entre o apólogo e o pequeno poema em prosa, em *Città invisibili* [Cidades invisíveis] e recentemente nas descrições de *Palomar*. É verdade que a extensão ou brevidade de um texto são critérios exteriores, mas falo de uma densidade especial que, embora possa ser alcançada também nas composições de maior fôlego, tem sua medida circunscrita a uma página apenas.

Ao privilegiar as formas breves, não faço mais que seguir a verdadeira vocação da literatura italiana, pobre de romancistas mas rica de poetas, os quais mesmo quando escrevem em prosa dão o melhor de si em textos em que um máximo de invenção e de pensamento se concentra em poucas páginas, como este livro sem par em outras literaturas que é o *Operette morali* de Leopardi.

A literatura americana detém uma gloriosa tradição de *short stories* que permanece até hoje, eu diria até que nesse gênero estão suas joias insuperáveis. Mas a classificação editorial, com sua rígida bipartição — *short stories* ou *novels* — descarta outras possibilidades de formas breves, como as que estão presentes na obra em prosa dos grandes poetas americanos, desde os *Specimen days* de Walt Whitman a muitas páginas de William Carlos Williams. A demanda do mercado livresco é um ditame que não deve imobilizar a experimentação de formas novas. Quero aqui propugnar pela riqueza das formas breves, com tudo aquilo que elas pressupõem como estilo e como densidade de conteúdo. Penso no Paul Valéry de *Monsieur Teste* e de muitos de seus ensaios, nos poemetos em prosa de Francis Ponge sobre os objetos, nas explorações de si mesmo e de sua linguagem efetuadas por Michel Leiris, no humor misterioso e alucinado de Henry Michaux nos brevíssimos contos de *Plume*.

A última grande invenção de um gênero literário a que assistimos foi levada a efeito por um mestre da escrita breve, Jorge Luis Borges, que se inventou a si mesmo como narrador, um ovo de Colombo que lhe permitiu superar o bloqueio que lhe impedia, por volta dos quarenta anos, passar da prosa ensaística à prosa narrativa. A ideia de Borges foi fingir que o livro que desejava escrever já havia sido escrito por um outro, um hipotético autor desconhecido, que escrevia em outra língua e pertencia a outra cultura — e assim comentar, resumir, resenhar esse livro hipotético. Faz parte do folclore borgiano a história de que seu primeiro e extraordinário conto escrito com essa fórmula, "El acercamiento a Almotásim", quando apareceu em 1940 na revista *Sur* foi realmente tomado como a recensão de um livro de autor indiano. Assim como faz parte dos lugares obrigatórios da fortuna crítica de Borges a observação de que todo texto seu redobra ou multiplica o próprio espaço por meio de outros livros de uma biblioteca imaginária ou real, ou de leituras clássicas ou eruditas ou simplesmente inventadas. O que mais me interessa ressaltar é a maneira como Borges consegue suas aberturas para o infinito sem o menor congestionamento, graças ao mais cristalino, sóbrio e arejado dos estilos; sua maneira de narrar sintética e esquemática que conduz a uma linguagem tão precisa quanto concreta, cuja inventiva se manifesta na variedade dos ritmos, dos movimentos sintáticos, em seus adjetivos sempre inesperados e surpreendentes. Nasce com Borges uma literatura elevada ao quadrado e ao mesmo tempo uma literatura que é como a extração da raiz quadrada de si mesma: uma "literatura potencial", para usar a terminologia que será mais tarde aplicada na França, mas cujos prenúncios podem ser encontrados em *Ficciones*, nas alusões e fórmulas dessa que poderia ter sido a obra de um hipotético autor chamado Herbert Quain.

A concisão é apenas um dos aspectos do tema que eu queria tratar, e me limitarei a dizer-lhes que imagino imensas cosmologias, sagas e epopeias encerradas nas dimensões de uma epigrama. Nos tempos cada vez mais congestionados que nos esperam, a necessidade de literatura deverá focalizar-se na máxima concentração da poesia e do pensamento.

Borges e Bioy Casares organizaram uma antologia de *Histórias breves e extraordinárias*. De minha parte, gostaria de organizar uma coleção de histórias de uma só frase, ou de uma linha apenas, se possível. Mas até agora não encontrei nenhuma que supere a do escritor guatemalteco Augusto Monterroso: "Cuando despertó, el dinosaurio todavía estaba allí" [Quando acordou, o dinossauro ainda estava lá].

Dou-me conta de que esta conferência, fundada sobre conexões invisíveis, acabou se ramificando em diversas direções, com o risco de se tornar dispersa. Mas todos os temas de que tratei nesta tarde, e talvez também aqueles da primeira conferência, podem ser unificados, já que sobre eles reina um deus do Olimpo ao qual rendo tributo especial: Hermes-Mercúrio, o deus da comunicação e das mediações, que sob o nome de Toth inventou a escrita, e que, segundo nos informa Jung em seus estudos sobre a simbologia alquímica, representa como "espírito Mercúrio" também o *principium individuationis*.

Mercúrio, de pés alados, leve e aéreo, hábil e ágil, flexível e desenvolto, estabelece as relações entre os deuses e entre os deuses e os homens, entre as leis universais e os casos particulares, entre as forças da natureza e as formas de cultura, entre todos os objetos do mundo e todos os seres pensantes. Que patrono melhor poderia escolher para o meu projeto literário?

Na sabedoria antiga, na qual microcosmo e macrocosmo se refletem nas correspondências entre psicologia e astrologia, entre humores, temperamentos, planetas, constelações, as leis que regem Mercúrio são as mais instáveis e oscilantes. Mas segundo a opinião mais difundida, o temperamento influenciado por Mercúrio (de inclinação para as trocas, o comércio e a destreza) contrapõe-se ao temperamento influenciado por Saturno (tendente ao melancólico, ao solitário, ao contemplativo). Os antigos nos ensinam que o temperamento saturnino é próprio dos artistas, dos poetas, dos pensadores, e essa caracterização me parece correta. É certo que a literatura jamais teria existido se uma boa parte dos seres humanos não fosse inclinada a uma forte introversão, a um descontentamento com o mundo tal como ele é, a um esquecer-se das horas e dos dias fixando o olhar sobre a imobilidade das palavras mudas. Meu caráter apresenta sem dúvida os traços tradicionais da categoria a que pertenço: sempre permaneci um saturnino, por mais diversas que fossem as máscaras que procurasse usar. Minha veneração por Mercúrio talvez não passe de uma aspiração, um querer ser: sou um saturnino que sonha ser mercurial, e tudo o que escrevo se ressente dessas duas influências.

Mas se Saturno-Cronos exercita seu poder sobre mim, por outro lado é verdade que nunca foi uma divindade de minha devoção: nunca senti por ele outro sentimento que um respeitoso temor. Há outro deus, contudo, que apresenta com Saturno vínculos de afinidade e parentesco, ao qual me sinto muito afeiçoado — um deus que não goza de tanto prestígio astrológico e portanto psicológico, não figurando como titular de um dos sete planetas do céu dos antigos, mas goza todavia de grande fortuna literária desde os tempos de Homero: falo de Vulcano-Hefaísto, deus que não vagueia no espaço mas que se entoca no fundo das crateras, fechado em sua forja onde fabrica interminavelmente objetos de perfeito lavor em todos os detalhes — joias e ornamentos para os deuses e as deusas, armas, escudos, redes e armadilhas. Vulcano, que contrapõe ao voo aéreo de Mercúrio a andadura descontínua de seu passo claudicante e o cadenciado bater de seu martelo.

Também aqui devo fazer referência a uma de minhas leituras ocasionais, mas às vezes ideias clarificantes nascem da leitura de livros estranhos e dificilmente classificáveis do ponto de vista do rigor acadêmico. O livro em questão, que li quando estava estudando a simbologia dos tarôs, intitula-se *Histoire de notre image*, de André Virel (Genebra, 1965). Segundo o autor, um estudioso do imaginário coletivo, de escola — creio — junguiana, Mercúrio e Vulcano representam as duas funções vitais inseparáveis e complementares: Mercúrio a *sintonia*, ou seja, a participação no mundo que nos rodeia; Vulcano a *focalização*, ou seja, a concentração construtiva. Mercúrio e Vulcano são ambos filhos de Júpiter, cujo reino é o da consciência individualizada e socializada, mas por parte de mãe Mercúrio descende de Urano, cujo reino era o do tempo "ciclofrênico" da continuidade indiferenciada, ao passo que Vulcano descende de Saturno, cujo reino é o do tempo "esquizofrênico" do isolamento egocêntrico. Saturno havia destronado Urano, Júpiter havia destronado Saturno; por fim, no reino equilibrado e luminoso de Júpiter, Mercúrio e Vulcano trazem cada qual a lembrança de um dos obscuros reinos primordiais, transformando o que era moléstia deletéria em qualidade positiva: sintonia e focalização.

Quando li essa análise da contraposição e complementaridade entre Mercúrio e Vulcano, comecei a compreender algo que até então só havia intuído confusamente: algo que age sobre mim, sobre quem sou e sobre quem gostaria de ser, sobre como escrevo e como poderia escrever. A concentração e *craftsmanship* de Vulcano são as condições necessárias para se escrever as aventuras e metamorfoses de Mercúrio. A mobilidade e a agilidade de Mercúrio são as condições necessárias para que as fainas intermináveis de Vulcano se tornem portadoras de significado, e da ganga mineral informe assumam forma os atributos divinos, cetros ou tridentes, lanças ou diademas. O trabalho do escritor deve levar em conta tempos diferentes: o tempo de Mercúrio e o tempo de Vulcano, uma mensagem de imediatismo obtida à força de pacientes e minuciosos ajustamentos; uma intuição instantânea que apenas formulada adquire o caráter definitivo daquilo que não poderia ser de outra forma; mas igualmente o tempo que flui sem outro intento que o de deixar as ideias e sentimentos se sedimentarem, amadurecerem, libertarem-se de toda impaciência e de toda contingência efêmera.

Comecei esta conferência contando-lhes uma história; permitam que a termine com outra. É uma história chinesa.

Entre as múltiplas virtudes de Chuang-Tsê estava a habilidade para desenhar. O rei pediu-lhe que desenhasse um caranguejo. Chuang-Tsê disse que para fazê-lo precisaria de cinco anos e uma casa com doze empregados. Passados cinco anos, não havia sequer começado o desenho. "Preciso de outros cinco anos", disse Chuang-Tsê. O rei concordou. Ao completar-se o décimo ano, Chuang-Tsê pegou o pincel e num instante, com um único gesto, desenhou um caranguejo, o mais perfeito caranguejo que jamais se viu.

3
EXATIDÃO

A precisão para os antigos egípcios era simbolizada por uma pluma que servia de peso num dos pratos da balança em que se pesavam as almas. Essa pluma levíssima tinha o nome de Maat, deusa da balança. O hieróglifo de Maat indicava igualmente a unidade de comprimento — os 33 cm do tijolo unitário — e também o tom fundamental da flauta.

Essas informações provêm de uma conferência de Giorgio de Santillana sobre a precisão dos antigos no observar dos fenômenos celestes, conferência que ouvi na Itália em 1963 e que exerceu sobre mim profunda influência. Desde que aqui cheguei, tenho pensado frequentemente em Santillana, por ter sido ele meu cicerone em Massachusetts quando de minha primeira visita a este país em 1960. Em lembrança de sua amizade, abro esta conferência sobre a exatidão na literatura invocando o nome de Maat, a deusa da balança. Tanto mais que Balança é meu signo zodiacal.

Antes de mais nada, procurarei definir o tema. Para mim, exatidão quer dizer principalmente três coisas:

1) um projeto de obra bem definido e calculado;

2) a evocação de imagens visuais nítidas, incisivas, memoráveis; temos em italiano um adjetivo que não existe em inglês, "icastico", do grego εἰκαστικός;

3) uma linguagem que seja a mais precisa possível como léxico e em sua capacidade de traduzir as nuanças do pensamento e da imaginação.

Por que me vem a necessidade de defender valores que a muitos parecerão simplesmente óbvios? Creio que meu primeiro impulso decorra de uma hipersensibilidade ou alergia pessoal: a linguagem me parece sempre usada de modo aproximativo, casual, descuidado, e isso me causa intolerável repúdio. Que não vejam nessa reação minha um sinal de intolerância para com o próximo: sinto um repúdio ainda maior quando me ouço a mim mesmo. Por isso procuro falar o mínimo possível, e se prefiro escrever é que, escrevendo, posso emendar cada frase tantas vezes quanto ache necessário para chegar, não digo a me sentir satisfeito com minhas palavras, mas pelo menos a eliminar as razões de insatisfação de que me posso dar conta. A literatura — quero dizer, aquela que responde a essas exigências — é a Terra Prometida em que a linguagem se torna aquilo que na verdade deveria ser.

Às vezes me parece que uma epidemia pestilenta tenha atingido a humanidade inteira em sua faculdade mais característica, ou seja, no uso da palavra, consistindo essa peste da linguagem numa perda de força cognoscitiva e de imediaticidade, como um automatismo que tendesse a nivelar a expressão em fórmulas mais genéricas, anônimas, abstratas, a diluir os significados, a embotar os pontos expressivos, a extinguir toda centelha que crepite no encontro das palavras com novas circunstâncias.

Não me interessa aqui indagar se as origens dessa epidemia devam ser pesquisadas na política, na ideologia, na uniformidade burocrática, na homogeneização dos *mass-media* ou na difusão acadêmica de uma cultura média. O que me interessa são as possibilidades de salvação. A literatura (e talvez somente a literatura) pode criar os anticorpos que coíbam a expansão desse flagelo linguístico.

Gostaria de acrescentar não ser apenas a linguagem que me parece atingida por essa pestilência. As imagens, por exemplo, também o foram. Vivemos sob uma chuva ininterrupta de imagens; os *media* todo-poderosos não fazem outra coisa senão transformar o mundo em imagens, multiplicando-o numa fantasmagoria de jogos de espelhos — imagens que em grande parte são destituídas da necessidade interna que deveria caracterizar toda imagem, como forma e como significado, como força de impor-se à atenção, como riqueza de significados possíveis. Grande parte dessa nuvem de imagens se dissolve imediatamente como os sonhos que não deixam traços na memória; o que não se dissolve é uma sensação de estranheza e mal-estar.

Mas talvez a inconsistência não esteja somente na linguagem e nas imagens: está no próprio mundo. O vírus ataca a vida das pessoas e a história das nações, torna todas as histórias informes, fortuitas, confusas, sem princípio nem fim. Meu mal-estar advém da perda de forma que constato na vida, à qual procuro opor a única defesa que consigo imaginar: uma ideia da literatura.

Posso, pois, definir também negativamente o valor que me proponho defender. Resta ver se com argumentos igualmente convincentes não se possa também defender a tese contrária. Por exemplo, Giacomo Leopardi sustentava que a linguagem será tanto mais poética quanto mais vaga e imprecisa for.

(Quero observar de passagem que o italiano, tanto quanto sei, é a única língua em que "vago" significa também gracioso, atraente; partindo do significado original (*wandering*), a palavra "vago" traz consigo uma ideia de movimento e mutabilidade, que se associa em italiano tanto ao incerto e ao indefinido quanto à graça e ao agradável.)

Para pôr à prova meu culto à exatidão, quero reler, mais para mim mesmo, as passagens do *Zibaldone* em que Leopardi faz o elogio do "vago". Ouçamos Leopardi:

> *Le parole* lontano, antico, *e simili sono poeticissime e piacevoli, perché destano idee vaste, e indefinite...* (25 Settembre 1821). *Le parole* notte, notturno *ec.*, *le descrizioni della notte sono poeticissime, perché la notte confondendo gli oggetti, l'animo non ne concepisce che un'immagine vaga, indistinta, incompleta, sì di essa che di quanto essa contiene. Così* oscurità, profondo, *ec. ec.* (28 Settembre 1821).

> As palavras "longe", "antigo" e similares são muito poéticas e agradáveis porque despertam ideias vastas e indefinidas... [...] As palavras "noite", "noturno" etc. e as descrições da noite são muito poéticas porque a noite, confundindo os objetos, só permite ao espírito conceber uma imagem vaga, indistinta; incompleta, tanto dela quanto das coisas que ela contém. Da mesma forma "obscuridade", "profundo" etc.

As razões invocadas por Leopardi encontram perfeita ilustração em seus versos, o que lhes confere a autoridade dos fatos comprovados. Continuando a folhear o *Zibaldone* à procura de outros exemplos de sua paixão, eis que encontro uma nota mais longa que de hábito onde há um verdadeiro elenco de situações propícias a suscitar no espírito a sensação do "indefinido":

> *... la luce del sole o della luna, veduta in luogo dov'essi non si vedano e non si scopra la sorgente della luce; un luogo solamente in parte illuminato da essa luce; il riflesso di detta luce, e i vari effetti materiali che ne derivano; il penetrare di detta luce in luoghi dov'ella divenga incerta e impedita, e non bene si distingua, come attraverso un canneto, in una selva, per li balconi socchiusi ec. ec.; la detta luce veduta in luogo, oggetto ec. dov'ella venga a battere; in un andito veduto al di dentro o al di fuori, e in una loggia parimente ec. quei luoghi dove la luce si confonde ec. ec. colle ombre, come sotto un portico, in una loggia elevata e pensile, fra le rupi e i burroni, in una valle, sui colli veduti dalla parte dell'ombra, in modo che ne sieno indorate le cime; il riflesso che produce, per esempio, un vetro colorato su quegli oggetti su cui si riflettono i raggi che passano per detto vetro; tutti quegli oggetti insomma che per diverse materiali e me-*

nome circostanze giungono alla nostra vista, udito *ec. in modo incerto, mal distinto, imperfetto, incompleto, o fuor dell'ordinario ec.*

... a luz do sol ou da lua, vista num lugar de onde não se possa vê-los ou não se possa descobrir a fonte luminosa; um lugar somente em parte iluminado por essa luz; o reflexo dessa luz, e os vários efeitos materiais que dela resultam; o penetrar dessa luz em lugares onde ela se torne incerta e impedida, e mal se possa distingui-la, como através de um canavial, uma floresta, uma porta de varanda entreaberta etc. etc.; a dita luz vista num lugar ou sobre um objeto etc. em que ela não entre nem incida diretamente, mas que aí surja difusa ou rebatida, vinda de outro lugar ou de um objeto qualquer etc. em que ela se tenha refletido; num vestíbulo, visto do exterior ou de dentro, ou ainda num alpendre etc., todos esses lugares em que a luz se confunde etc. etc. com as sombras, como sob um pórtico, uma varanda elevada e pênsil, em meio aos penhascos e despenhadeiros, ou num vale, sobre as colinas vistas da parte da sombra, de modo a que estejam dourados os cimos; o reflexo que produz, por exemplo, um vidro colorido sobre os objetos em que se reflitam os raios que passam através desse mesmo vidro; todos esses objetos, em suma, que por diversas circunstâncias materiais e ínfimas se apresentam à nossa vista, *ouvido* etc. de maneira incerta, imperfeita, incompleta ou fora do ordinário etc.

Eis o que Leopardi exige de nós para podermos apreciar a beleza do vago e do indeterminado! Para se alcançar a imprecisão desejada, é necessário a atenção extremamente precisa e meticulosa que ele aplica na composição de cada imagem, na definição minuciosa dos detalhes, na escolha dos objetos, da iluminação, da atmosfera. Assim Leopardi, que eu havia escolhido como contraditor ideal de minha apologia da exatidão, acaba se revelando uma testemunha decisiva a meu favor... O poeta do vago só pode ser o poeta da precisão, que sabe colher a sensação mais sutil com olhos, ouvidos e mãos prontos e seguros. Vale a pena continuar lendo esta nota do *Zibaldone* até o fim; a procura do indeterminado se transforma em observação da multiplicidade, do fervilhar, da pulverulência...

> *È piacevolissima e sentimentalissima la stessa luce veduta nelle città, dov'ella è frastagliata dalle ombre, dove lo scuro contrasta in molti luoghi col chiaro, dove la luce in molte parti degrada appoco appoco, come sui tetti, dove alcuni luoghi riposti nascondono la vista dell'astro luminoso ec. ec. A questo piacere contribuisce la varietà, l'incertezza, il non veder tutto, e il potersi perciò spaziare coll'immaginazione, riguardo a ciò che non si vede. Similmente dico dei simili effetti, che producono gli alberi, i filari, i colli, i pergolati, i casolari, i pagliai, le ineguaglianze del suolo ec. nelle campagne. Per lo contrario una vasta e tutta uguale pianura, dove la luce si spazi e diffonda senza diversità, né ostacolo; dove l'occhio si perda ec. è pure piacevolissima, per l'idea indefinita in estensione, che deriva de tal veduta. Così un cielo senza nuvolo. Nel qual proposito osservo che il piacere della varietà e dell'incertezza prevale a quello dell'apparente infinità, e dell'immensa uniformità. E quindi un cielo variamente sparso di nuvoletti, è forse più piacevole di un cielo affatto puro; e la vista del cielo è forse meno piacevole di quella della terra, e delle compagne ec. perché meno varia (ed anche meno simile a noi, meno propria di noi, meno appartenente alle cose nostre ec.). Infatti, ponetevi supino in modo che voi non vediate se non il cielo, separato dalla terra, voi proverete una sensazione molto meno piacevole che considerando una campagna, o considerando il cielo nella sua corrispondenza e relazione colla terra, ed unitamente ad essa in un medesimo punto di vista.*
>
> *È piacevolissima ancora, per le sopraddette cagioni, la vista di una moltitudine innumerabile, come delle stelle, o di persone ec. un moto moltiplice, incerto, confuso, irregolare, disordinato, un ondeggiamento vago ec., che l'animo non possa determinare, né concepire definitamente e distintamente ec., come quello di una folla, o di un gran numero di formiche o del mare agitato ec. Similmente una moltitudine di suoni irregolarmente mescolati, e non distinguibili l'uno dell'altro ec. ec. ec.* (20 Settembre 1821).

Essa mesma luz é cheia de atrativo e sentimentalismo quando vista nas cidades, onde se apresenta retalhada pelas sombras, onde a escuridão contrasta em muitos lugares com o claro, onde a luz em muitas partes se degrada pouco a pouco, como sobre os telhados, onde alguns lugares recônditos ocultam a vista do astro luminoso etc. etc. A esse prazer contribuem a variedade, a incerteza, o não se ver tudo, e poder-se no entanto dar uma latitude à imaginação com respeito àquilo que não se vê. Da mesma forma refiro-me aos efeitos similares que produzem as árvores, os alinhamentos, as colinas, os parreirais, as choupanas, as palhoças, as desigualdades do solo etc. no campo. Inversamente, uma vasta planura uniforme, em que a luz se espraia e difunde sem variedades ou obstáculos, onde a vista se perde etc. é igualmente agradabilíssima, pela ideia de extensão indefinida que tal vista proporciona. Da mesma forma, um céu sem nuvens. A esse propósito observo que o prazer da variedade e da incerteza prevalece sobre o da aparente infinitude e o da imensa uniformidade. Daí que um céu variadamente esparso de pequenas nuvens será talvez mais agradável de se ver que um céu completamente limpo; e a vista do céu terá talvez menos encanto que a da terra, do campo etc. porquanto menos variada (e também menos semelhante a nós, menos íntima, menos ligada às nossas coisas etc.). Na verdade, se vos estirardes de costas de modo a que não possais ver senão o céu, separado da terra, provareis uma sensação muito menos agradável do que se estivésseis contemplando um campo, ou considerando o céu em sua correspondência e relação com a terra, e a ela unido num mesmo ponto de vista.

Cheia de encanto igualmente, pela razão supradita, é a vista que se tem de uma profusão inumerável, de estrelas, por exemplo, ou de pessoas etc., agitadas num movimento variado, incerto, confuso, irregular, desordenado, uma ondulação vaga etc. que o espírito não pode determinar nem conceber de maneira distinta ou definida etc., como o de uma multidão, ou de um formigueiro, ou de um mar agitado etc. Da mesma forma, uma profusão de sons irregularmente combinados e não distinguíveis uns dos outros etc. etc. etc.

Tocamos aqui em um dos núcleos da poética de Leopardi, o de *L'infinito,* um de seus mais belos e famosos poemas.

Protegido por uma sebe que não deixa ver senão o céu, o poeta sente ao mesmo tempo medo e prazer ao imaginar-se nos espaços infinitos. O poema está datado de 1819; as notas do *Zibaldone* que acabei de ler foram escritas dois anos mais tarde e provam que Leopardi continuava refletindo sobre os problemas que a composição de *L'infinito* havia suscitado nele. Em suas reflexões, dois termos aparecem continuamente postos em confronto: *indefinido* e *infinito.* Para um hedonista infeliz, como era Leopardi, o desconhecido é sempre mais atraente que o conhecido; só a esperança e a imaginação podem servir de consolo às dores e desilusões da experiência. O homem então projeta seu desejo no infinito, e encontra prazer apenas quando pode imaginá-lo sem fim. Mas como o espírito humano é incapaz de conceber o infinito, e até mesmo se retrai espantado diante da simples ideia, não lhe resta senão contentar-se com o indefinido, com as sensações que, mesclando-se umas às outras, criam uma impressão de ilimitado, ilusória mas sem dúvida agradável. "E il naufragar m'è dolce in questo mare" ["E doce é naufragar-me nesse mar"]: não é apenas no célebre verso final de *L'infinito* que a doçura prevalece sobre o espanto, pois o que os versos transmitem através da música das palavras é sempre um sentimento de doçura, mesmo quando descrevem uma experiência angustiosa.

Ocorre-me estar explicando Leopardi apenas em termos de sensações, como se aceitasse a imagem que ele pretende dar de si mesmo: a de um sensualista do século XVIII. Na verdade o problema que Leopardi enfrenta é especulativo e metafísico, um problema que domina a história da filosofia desde Parmênides a Descartes e Kant: a relação entre a ideia de infinito como espaço absoluto e tempo absoluto, e a nossa cognição empírica do espaço e do tempo. Leopardi parte, pois, do rigor abstrato de uma ideia matemática de espaço e de tempo e a confronta com o indefinido e vago flutuar das sensações.

* * *

Exatidão e indeterminação são igualmente os polos entre os quais oscilam as conjecturas filosófico-irônicas de Ulrich, no imenso e mesmo assim inacabado romance de Robert Musil, *Der Mann ohne Eigenschaften* [O homem sem qualidades]:

> ... *Ist nun das beobachtete Element die Exaktheit selbst, hebt man es heraus und lässt es sich entwickeln, betrachtet man es als Denkgewohnheit und Lebenshaltung und lässt es seine beispielgebende Kraft auf alles auswirken, was mit ihm in Berührung kommt, so wird man zu einem Menschen geführt, in dem eine paradoxe Verbindung von Genauigkeit und Unbestimmtheit stattfindet. Er besitzt jene unbestechliche gewollte Kaltblütigkeit, die das Temperament der Exaktheit darstellt; über diese Eigens-chaft hinaus ist aber alles andere unbestimmt.* (cap. 61)

> ... Se o elemento observado for a própria exatidão, se o isolarmos e o deixarmos desenvolver, se o considerarmos como um hábito do pensamento e uma atitude de vida, e permitirmos que sua força exemplar aja sobre tudo o que entra em contato com ele, chegaremos então a um homem no qual se opera uma aliança paradoxal de precisão e indeterminação. Ele possuirá esse sangue frio deliberado, incorruptível, que é o próprio sentimento da exatidão; mas, afora tal qualidade, todo o resto será indeterminado.

O ponto em que Musil mais se aproxima de uma proposta de solução é quando recorda a existência de "problemas matemáticos que não admitem uma solução geral, mas antes soluções particulares que, combinadas, se aproximam da solução geral" (cap. 83), e admite que tal método poderia ser aplicado à vida humana. Muitos anos mais tarde, outro escritor em cuja mente coabitavam o demônio da exatidão e o da sensibilidade, Roland Barthes, indagaria sobre a possibilidade de concebermos uma ciência do único e do irrepetível (*La chambre clairé*): "Pourquoi n'y aurait-il pas, en quelque sorte, une science nouvelle par objet? Une *Mathesis singularis* (et non plus *universalis*)?" [Por que não haveria, de certa forma, uma ciência nova para cada objeto? Uma *Mathesis singularis* (e não mais *universalis?*)].

Se Ulrich logo se mostra resignado diante das derrotas para as quais seu amor à exatidão necessariamente o arrasta, já outro grande personagem intelectual de nossa época, *Monsieur Teste,* de Paul Valéry, não tem dúvidas quanto ao fato de que o espírito humano se possa realizar da forma mais exata e rigorosa possível. E se Leopardi, poeta da dor do viver, dá provas da máxima exatidão quando designa as sensações indefinidas que causam prazer, Valéry, poeta do rigor impassível da mente, dá provas da máxima exatidão colocando seu personagem diante da dor e fazendo-o combater o sofrimento físico por meio de exercícios de abstração geométrica.

> *J'ai, dit-il,... pas granad'chose. J'ai... un dixième de seconde qui se montre... Attendez... Il y a des instants où mon corps s'illumine. .. C'est très curieux. J'y vois tout à coup en moi... je distingue les profondeurs des couches de ma chair; et je sens des zones de douleur, des anneaux, des pôles, des aigrettes de douleur. Voyez-vous ces figures vives? cette géométrie de ma souffrance? Il y a de ces éclairs qui ressemblent tout à fait à des idées. Ils font comprendre, — d'ici, jusque-là... Et pourtant ils me laissent* incertain. *Incertain n'est pas le mot... Quand* cela *va venir, je trouve en moi quelque chose de confus ou de diffus. Il se fait dans mon être des endroits... brumeux, il y a des étendues qui font leur apparition. Alors, je prends dans ma mémoire une question, un problème quelconque... Je m'y enfonce. Je compte des grains de sable... et, tant que je les vois... — Ma douleur grossissante me force à l'observer. J'y pense! — Je n'attends que mon cri, ...et dès que je l'ai entendu — l'*objet, *le terrible* objet, *devenant plus petit, et encore plus petit, se dérobe à ma vue intérieure...*

> Que sinto? — disse — nada de grave. Sinto... num décimo de segundo uma presença... Espera aí... Há instantes em que meu corpo

> se ilumina... É muito estranho. De repente, vejo em mim... distingo a profundidade de certas camadas da minha carne; identifico as zonas dolorosas, os círculos, os polos, os nódulos de dor. Estão vendo essas figuras vivas? essa geometria do meu sofrimento? Há relâmpagos que parecem de fato ideias. Permitem compreender, — daqui, até ali... E no entanto me deixam *incerto*. Incerto não é bem a palavra... Quando a *coisa* está para vir, sinto em mim algo de confuso e difuso. Criam-se no meu ser certos locais... sombrios, há certas extensões que se delineiam. Então extraio da memória alguma indagação, um problema qualquer... e nele me aprofundo. Conto grãos de areia... tantos quanto consigo... — Mas a dor que aumenta exige toda a minha atenção. Concentro-me! — Fico só à espera do gemido... e, logo que o ouço — o *objeto,* o terrível *objeto,* tornando-se menor cada vez mais, acaba por desaparecer de minha visão interior...

Paul Valéry é a personalidade que em nosso século melhor definiu a poesia como tensão para a exatidão. Refiro-me principalmente à sua obra de crítico e ensaísta, na qual a poética de exatidão segue uma linha que de Mallarmé remonta a Baudelaire, e de Baudelaire a Edgar Allan Poe.

Em Edgar Allan Poe, no Poe visto por Baudelaire e Mallarmé, Valéry vê "le démon de la lucidité, le génie de l'analyse et l'inventeur des combinaisons les plus neuves et les plus séduisantes de la logique avec l'imagination, de la mysticité avec le calcul, le psycologue de l'exception, l'ingénieur littéraire qui approfondit et utilise toutes les ressources de l'art..." [o demônio da lucidez, o gênio da análise e o inventor das mais novas e sedutoras combinações da lógica com a imaginação, do misticismo com o cálculo, o psicólogo da exceção, o engenheiro literário que aprofunda e utiliza todos os recursos da arte...].

Assim se exprime Valéry no ensaio *Situation de Baudelaire,* que tem para mim o valor de um manifesto poético, juntamente com outro ensaio seu sobre Poe e a cosmogonia, a propósito de *Eureka.*

Em seu ensaio sobre *Eureka,* de Poe, Valéry interroga-se

sobre a cosmogonia, gênero literário mais que especulação científica, e realiza uma brilhante refutação da ideia do universo, que é igualmente uma reafirmação da força mítica que toda imagem do universo traz em si. Também há aqui, como em Leopardi, a atração e repulsão pelo infinito... Também há aqui as conjecturas cosmológicas promovidas a um gênero literário, que Leopardi se divertia a praticar em certos ensaios "apócrifos" como o *Frammento apocrifo di Stratone da Lampsaco* ("Fragmento apócrito de Estrátão de Lampsaco"), sobre a origem e principalmente sobre o fim do globo terrestre, que, depois de se achatar e esvaziar-se como o anel de Saturno, perde-se no espaço e vai incendiar-se no Sol; ou no apócrifo talmúdico, o *Cantico del gallo silvestre,* em que o universo inteiro se extingue e desaparece: "Un silenzio nudo, e una quiete altissima, empieranno lo spazio immenso. Così questo arcano mirabile e spaventoso dell'esistenza universale, innanzi di essere dichiarato né inteso, si dileguerà e perderassi" [Um silêncio nu e a paz mais profunda encherão o espaço imenso. E assim, o admirável e terrificante arcano da existência universal, longe de ser manifesto e cumprido, se desvanecerá e perder-se-á]. Donde se vê que o terrificante e inconcebível se aplicam não ao vácuo infinito, mas à existência universal.

Esta conferência não se deixa conduzir na direção que me havia proposto. Eu me propunha falar da exatidão, não do infinito e do cosmo. Queria lhes falar de minha predileção pelas formas geométricas, pelas simetrias, pelas séries, pela análise combinatória, pelas proporções numéricas, explicar meus escritos em função de minha fidelidade a uma ideia de limite, de medida... Mas quem sabe não será precisamente essa ideia de limite que suscita a ideia das coisas que não têm fim, como a sucessão dos números inteiros ou as retas euclidianas?... Em vez de lhes contar como escrevi aquilo que escrevi, talvez fosse mais interessante falar dos problemas que ainda não resolvi, que não sei como resolver e que tipo de coisa eles me levarão a escrever... Às vezes procuro concentrar-me na história que gostaria de escrever e me dou conta de que aquilo que me interessa é uma outra coisa diferente, ou seja, não uma coisa determinada mas tudo o que fica excluído daquilo que deveria escrever: a relação entre esse argumento determinado e todas as suas variantes e alternativas possíveis, todos os acontecimentos que o tempo e o espaço possam conter. É uma obsessão devorante, destruidora, suficiente para me bloquear. Para combatê-la, procuro limitar o campo do que pretendo dizer, depois dividi-lo em campos ainda mais limitados, depois subdividir também estes, e assim por diante. Uma outra vertigem então se apodera de mim, a do detalhe do detalhe do detalhe, vejo-me tragado pelo infinitesimal, pelo infinitamente mínimo, como antes me dispersava no infinitamente vasto.

A afirmação de Flaubert, "Le bon Dieu est dans le détail", eu poderia explicar à luz da filosofia de Giordano Bruno, grande cosmólogo visionário, que vê o universo como sendo infinito e composto de inumeráveis mundos, embora não possa afirmar que ele seja "totalmente infinito" porque cada um deles é em si finito; já "totalmente infinito" é Deus, "porque está totalmente presente no mundo inteiro, e infinita e totalmente em cada uma de suas partes".

Entre os livros italianos destes últimos anos, o que mais li, reli e sobre o qual mais meditei foi a *Breve storia dell'infinito,* de Paolo Zellini (Adelphi, Milão, 1980), que abre com a famosa invectiva de Borges contra o infinito, "conceito que corrompe e altera todos os demais", e prossegue passando em revista todas as argumentações sobre o tema, para chegar finalmente a uma inversão do infinito, cuja extensão se dissolve na densidade do infinitesimal.

Esse liame entre as escolhas formais da composição literária e a necessidade de um modelo cosmológico (ou, antes, de um quadro mitológico geral), creio que se encontra presente mesmo nos autores que não o declaram explicitamente. O gosto da composição geometrizante, de que podemos traçar uma história na literatura mundial a partir de Mallarmé, tem como fundo a oposição ordem-desordem, fundamental na ciência contemporânea. O universo desfaz-se numa nuvem de calor, precipita-se irremediavelmente num abismo de entropia, mas no interior desse processo irreversível podem aparecer zonas de ordem, porções do existente que tendem para uma forma, pontos privilegiados nos quais podemos perceber um desenho, uma perspectiva. A obra literária é uma dessas mínimas porções nas quais o existente se cristaliza numa forma, adquire um sentido, que não é nem fixo, nem definido, nem enrijecido numa imobilidade mineral, mas tão vivo quanto um organismo. A poesia é a grande inimiga do acaso, embora sendo ela também filha do acaso e sabendo que este em última instância ganhará a partida: "Un coup de dés jamais n'abolira le hasard" [Um lance de dados jamais abolirá o acaso].

É nesse quadro que se inscreve a revalorização dos processos lógico-geométrico-metafísicos que se impôs nas artes figurativas dos primeiros decênios do século, antes de atingir a literatura: o cristal poderia servir de emblema a uma constelação de poetas e escritores muito diversos entre si como Paul Valéry na França, Wallace Stevens nos Estados Unidos, Gottfried Benn na Alemanha, Fernando Pessoa em Portugal, Ramón Gómez de la Serna na Espanha, Massimo Bontempelli na Itália, Jorge Luis Borges na Argentina.

O cristal, com seu facetado preciso e sua capacidade de refratar a luz, é o modelo de perfeição que sempre tive por emblema, e essa predileção se torna ainda mais significativa quando se sabe que certas propriedades da formação e do crescimento dos cristais se assemelham às dos seres biológicos mais elementares, constituindo quase uma ponte entre o mundo mineral e a matéria viva.

Num desses livros científicos em que costumo meter o nariz à procura de estímulos para a imaginação, aconteceu-me ler recentemente que os modelos para o processo de formação dos seres vivos são "de um lado o *cristal* (imagem de invariância e de regularidade das estruturas específicas), e de outro a *chama* (imagem da constância de uma forma global exterior, apesar da incessante agitação interna)". Extraio esta citação do prefácio de Massimo Piattelli-Palmarini ao livro do debate entre Jean Piaget e Noam Chomsky, no Centre Royaumont (*Théories du language — Theories de l'apprentissage,* Éd. du Seuil, Paris, 1980). As imagens contrapostas, da chama e do cristal, foram usadas para visualizar as alternativas que se apresentam à biologia, passando-se daí às teorias sobre a linguagem e sobre o processo de aprendizagem.

Vamos deixar de lado, por enquanto, as implicações que possa haver para a filosofia da ciência tanto das posições de Piaget, partidário do princípio da "ordem do rumor", ou seja, da chama, e as de Chomsky, partidário do "self-organizing-system", ou seja, do cristal.

O que me interessa aqui é a justaposição dessas duas figuras, como num daqueles emblemas do século XVI, de que lhes falei na conferência anterior. Cristal e chama, duas formas da beleza perfeita da qual o olhar não consegue desprender-se, duas maneiras de crescer no tempo, de despender a matéria circunstante, dois símbolos morais, dois absolutos, duas categorias para classificar fatos, ideias, estilos e sentimentos. Fiz menção ainda há pouco a um partido do cristal na literatura de nosso século; creio que se poderia organizar igualmente uma lista dos partidários da chama. Quanto a mim, sempre me considerei membro do partido dos cristais, mas a página que citei não me permite esquecer o valor da chama enquanto modo de ser, forma de existência. Assim também gostaria que todos os que se consideram sequazes da chama não perdessem de vista a serena e difícil lição dos cristais.

Outro símbolo, ainda mais complexo, que me permitiu maiores possibilidades de exprimir a tensão entre racionalidade geométrica e emaranhado das existências humanas, foi o da cidade. Se meu livro *Le città invisibili* continua sendo para mim aquele em que penso haver dito mais coisas, será talvez porque tenha conseguido concentrar em um único símbolo todas as minhas reflexões, experiências e conjecturas; e também porque consegui construir uma estrutura facetada em que cada texto curto está próximo dos outros numa sucessão que não implica uma consequencialidade ou uma hierarquia, mas uma rede dentro da qual se podem traçar múltiplos percursos e extrair conclusões multíplices e ramificadas.

Em *Le città invisibili* cada conceito e cada valor se apresenta dúplice — até mesmo a exatidão. A certo momento Kublai Cã personifica a tendência racionalizante, geometrizante ou algebrizante do intelecto, e reduz o conhecimento de seu império a uma combinatória das peças de um tabuleiro de xadrez; as cidades que Marco Polo lhe descreve com grande abundância de detalhes são representadas por ele como tal ou qual disposição das torres, bispos, cavalos, rei, rainha, peões sobre as casas brancas e pretas. A conclusão final a que o leva essa operação é que o objeto de suas conquistas não é outro senão o quadrado de madeira sobre o qual cada peça repousa: um emblema do nada... Mas nesse momento ocorre um lance teatral: Marco Polo convida o Grão Cã a observar melhor aquilo que lhe parece o nada:

> *...Il Gran Kan cercava d'immedesimarsi nel gioco: ma adesso era il perché del gioco a sfuggirgli. Il fine d'ogni partita è una vincita o una perdita: ma di cosa? Qual era la vera posta? Allo scacco matto, sotto il piede del re sbalzato via dalla mano del vincitore, resta il nulla: un quadrato nero o bianco. A forza di scorporare le sue conquiste per ridurle all'essenza, Kublai era arrivato all'operazione estrema: la conquista definitiva, di cui i multiformi tesori dell'impero non erano che involucri illusori, si riduceva a un tassello di legno piallato.*
>
> *Allora Marco Polo parlò: — La tua scacchiera, sire, è un intarsio di due legni: ebano e acero. Il tassello sul quale si fissa il tuo sguardo illuminato fu tagliato in uno strato del tronco che crebbe in un anno di siccità: vedi come si dispongono le fibre? Qui si scorge un*

nodo appena accennato: una gemma tentò di spuntare in un giorno di primavera precoce, ma la brina della notte l'obbligò a desistere —. Il Gran Kan non s'era fin'allora reso conto che lo straniero sapesse esprimersi fluentemente nella sua lingua, ma non era questo a stupirlo. — Ecco un poro più grosso: forse è stato il nido d'una larva; non d'un tarlo, perché appena nato avrebbe continuato a scavare, ma d'un bruco che rosicchiò le foglie e fu la causa per cui l'albero fu scelto per essere abbattuto... Questo margine fu inciso dall'ebanista con la sgorbia perché aderisse al quadrato vicino, più sporgente...

La quantità di cose che si potevano leggere in un pezzetto di legno liscio e vuoto sommergeva Kublai; già Polo era venuto a parlare dei boschi d'ebano, delle zattere di tronchi che discendono i fiumi, degli approdi, delle donne alle finestre...

... O Grão Cã procurava concentrar-se no jogo, mas agora era o porquê do jogo que lhe escapava. O fim de cada partida era a vitória ou a derrota, mas de quê? Qual era a verdadeira aposta? Ao xeque-mate, sob os pés do rei arrebatado pelas mãos do vencedor, restava o nada: um quadrado branco ou preto. À força de desincorporar suas conquistas para reduzi-las à essência, Kublai havia chegado à operação extrema: a conquista definitiva, da qual os tesouros multiformes do império não passavam de invólucros ilusórios, reduzia-se a uma peça de madeira torneada.

Então Marco Polo disse: — Vosso tabuleiro, Majestade, é um conjunto de incrustações de duas madeiras: bordo e ébano. A casa sobre a qual o vosso olhar iluminado se fixa foi retalhada de uma camada de tronco que se formou num ano de estiagem: vedes como as fibras se dispõem? Percebe-se aqui um nó apenas esboçado: um rebento que tentou brotar num dia de precoce primavera, mas a geada noturna o obrigou a desistir —. O Grão Cã não se dera conta até então de como o estrangeiro se exprimia fluentemente em sua língua, mas não era propriamente disso que se admirava. — Eis aqui um poro mais grosso: talvez tenha sido o ninho de uma larva; não de um caruncho, pois assim que nascesse teria continuado a escavar, mas de uma lagarta que roeu as folhas e deu causa a que

> escolhessem essa árvore para abatê-la... Esta borda aqui foi talhada pelo ebanista com a goiva de modo a melhor ajustar-se ao quadrado seguinte, mais saliente...
>
> A quantidade de coisas que se podiam ler num retalho de madeira liso e vazio abismava Kublai; e já Marco Polo estava a falar das matas de ébano, das balsas de troncos que desciam os rios, dos desembarcadouros, das mulheres nas janelas...

A partir do momento em que escrevi esta página percebi claramente que minha busca da exatidão se bifurcava em duas direções. De um lado, a redução dos acontecimentos contingentes a esquemas abstratos que permitissem o cálculo e a demonstração de teoremas; do outro, o esforço das palavras para dar conta, com a maior precisão possível, do aspecto sensível das coisas.

Na verdade, minha escrita sempre se defrontou com duas estradas divergentes que correspondem a dois tipos diversos de conhecimento: uma que se move no espaço mental de uma racionalidade desincorporada, em que se podem traçar linhas que conjugam pontos, projeções, formas abstratas, vetores de forças; outra que se move num espaço repleto de objetos e busca criar um equivalente verbal daquele espaço enchendo a página com palavras, num esforço de adequação minuciosa do escrito com o não escrito, da totalidade do dizível com o não dizível. São duas pulsões distintas no sentido da exatidão que jamais alcançam a satisfação absoluta: em primeiro lugar, porque as línguas naturais dizem sempre algo *mais* em relação às linguagens formalizadas, comportam sempre uma quantidade de *rumor* que perturba a essencialidade da informação; em segundo, porque ao se dar conta da densidade e da continuidade do mundo que nos rodeia, a linguagem se revela lacunosa, fragmentária, diz sempre algo *menos* com respeito à totalidade do experimentável.

Oscilando continuamente entre esses dois caminhos, quando sinto haver explorado ao máximo as possibilidades de um deles, logo me atiro ao outro e vice-versa. Assim é que nestes últimos anos tenho alternado meus exercícios sobre a estrutura do conto com o exercício de descrições, esta arte hoje em dia tão negligenciada. Como um escolar que tivesse por tema de redação "Descrever uma girafa" ou "Descrever um céu estrelado", apliquei-me em encher um caderno com esse tipo de exercícios, deles extraindo depois a matéria de um livro. Esse livro se chama *Palomar,* e saiu agora traduzido em inglês; é uma espécie de diário sobre os problemas do conhecimento minimalístico, sendas que permitem estabelecer relações com o mundo, gratificações e frustrações no uso da palavra e do silêncio.

Ao explorar essa via, senti-me muito próximo da experiência dos poetas; penso em William Carlos Williams descrevendo tão minuciosamente as folhas do ciclâmen, o que faz com que a flor tome forma e desabroche nas páginas em que a descreve, conseguindo dar à poesia a mesma leveza da planta; penso em Marianne Moore, que ao definir seus pangolins, seus náutilos e todos os outros animais de seu bestiário pessoal, alia a terminologia científica dos livros de zoologia aos significados alegóricos e simbólicos, o que faz de cada um de seus poemas uma fábula moral; e penso em Eugenio Montale que, pode-se dizer, efetuou a síntese de ambos em seu poema *L'anguilla* [A enguia], poema composto de uma única e longuíssima frase que tem a forma de uma enguia, como que acompanhando a vida da enguia e fazendo dela um símbolo moral.

Mas penso sobretudo em Francis Ponge, que com seus pequenos poemas em prosa criou um gênero único na literatura contemporânea: exatamente o "caderno de exercícios" de um escolar que começa a exercitar-se dispondo suas palavras sobre a extensão dos aspectos do mundo e consegue exprimi-los após uma série de tentativas, rascunhos, aproximações. Ponge é para mim um mestre sem igual porque os textos curtos de *Le parti pris des choses* e de outras coletâneas suas orientadas na mesma direção, falem eles da *crevette,* do *galet* ou do *savon,* representam o melhor exemplo de um poeta que se bate com a linguagem para transformá-la na linguagem das coisas, que parte das coisas e retorna a nós trazendo consigo toda a carga humana que nelas havíamos investido. A intenção declarada de Francis Ponge foi a de compor, por meio de seus textos curtos e de suas variantes elaboradas, um novo *De natura rerum;* creio que podemos reconhecer nele o Lucrécio de nosso tempo, que reconstrói a fisicidade do mundo por meio da impalpável poeira das palavras.

Entendo que a experiência de Ponge deva ser posta no mesmo nível da de Mallarmé, embora numa direção divergente e complementar: em Mallarmé a palavra atinge o máximo de exatidão tocando o extremo da abstração e apontando o nada como substância última do mundo; em Ponge o mundo tem a forma das coisas mais humildes, contingentes e assimétricas, e a palavra é o meio de dar conta da variedade infinita dessas formas irregulares e minuciosamente complexas. Há quem ache que a palavra seja o meio de se atingir a substância do mundo, a substância última, única, absoluta; a palavra, mais do que representar essa substância, chega mesmo a identificar-se com ela (logo, é incorreto dizer que a palavra é um meio): há a palavra que só conhece a si mesma, e nenhum outro conhecimento do mundo é possível. Há, no entanto, pessoas para quem o uso da palavra é uma incessante perseguição das coisas, uma aproximação, não de sua substância, mas de sua infinita variedade, um roçar de sua superfície multiforme e inexaurível. Como dizia Hofmannsthal: "A profundidade está escondida. Onde? Na superfície". E Wittgenstein foi ainda além de Hofmannsthal quando afirmava: "O que está oculto não nos interessa".

Não serei tão drástico: penso que estamos sempre no encalço de alguma coisa oculta ou pelo menos potencial ou hipotética, de que seguimos os traços que afloram à superfície do solo. Creio que nossos mecanismos mentais elementares se repetem através de todas as culturas da história humana, desde os tempos do Paleolítico em que nossos ancestrais se davam à caça e à colheita. A palavra associa o traço visível à coisa invisível, à coisa ausente, à coisa desejada ou temida, como uma frágil passarela improvisada sobre o abismo.

Por isso o justo emprego da linguagem é, para mim, aquele que permite o aproximar-se das coisas (presentes ou ausentes) com discrição, atenção e cautela, respeitando o que as coisas (presentes ou ausentes) comunicam sem o recurso das palavras.

O exemplo mais significativo de um combate com a língua nessa perseguição de algo que escapa à expressão é Leonardo da Vinci: os códices de Leonardo são um documento extraordinário de uma batalha com a língua, uma língua híspida e nodosa, a procura da expressão mais rica, mais sutil e precisa. As várias fases do tratamento de uma ideia, que Francis Ponge acaba publicando uma em seguida a outra — pois que a obra verdadeira consiste não em sua forma definitiva mas na série de aproximações para atingi-la — são para o Leonardo escritor a prova do investimento de força que ele punha na escrita como instrumento cognitivo, e do fato que — de todos os livros a que se propunha escrever — lhe interessava mais o processo de pesquisa que a realização de um texto a publicar. Até mesmo os temas são às vezes semelhantes aos de Ponge, como na série de fábulas curtas que Leonardo consagra a objetos ou animais.

Tomemos por exemplo a fábula do fogo. Após um breve resumo (o fogo, ofendido porque a água, na panela, está colocada acima dele que é, no entanto, o "elemento superior", começa a erguer cada vez mais alto as suas chamas, até provocar a ebulição da água que, transbordando da panela, o extingue), Leonardo desenvolve o assunto em três versões sucessivas, todas incompletas, escritas em três colunas paralelas, acrescentando um detalhe de cada vez, descrevendo como de uma pequenina brasa a chama começa a erguer-se em espirais por entre os interstícios da lenha até vir a crepitar e tomar corpo;

mas logo Leonardo se interrompe, como se dando conta de que não há limite à minúcia com que se pode contar até a mais simples das histórias. Até mesmo o relato da lenha que se acende no fogão da cozinha pode crescer de seu núcleo para se tornar infinito.

Leonardo — "omo sanza lettere" [homem sem letras], como se definia — tinha um relacionamento difícil com a palavra escrita. Ninguém possuía sabedoria igual no mundo em que viveu, mas a ignorância do latim e da gramática o impedia de se comunicar por escrito com os doutos de seu tempo. Sentia-se sem dúvida capaz de expressar pelo desenho, melhor do que pela palavra, uma larga parte de seu conhecimento. ("O scrittore, con quali lettere scriverai tu con tal perfezione la intera figurazione qual fa qui il disegno?" [Ó escritor, com que letras conseguirias relatar a perfeição deste conjunto expresso aqui pelo desenho?], anotava em seus cadernos de anatomia.) E não era apenas a ciência, mas igualmente a filosofia que ele estava seguro de poder melhor comunicar pela pintura e o desenho. Mas havia nele também uma necessidade imperiosa de escrever, de usar a escrita para explorar o mundo em suas manifestações multiformes, em seus segredos e ainda para dar forma às suas fantasias, às suas emoções, aos seus rancores. (Como quando investe contra os literatos, só capazes, segundo ele, de repetir aquilo que leram nos livros alheios, diferentemente de alguém que, como ele, fazia parte dos "inventori e interpreti tra la natura e li omini" [inventores e intérpretes entre a natureza e os homens].) Por isso escrevia cada vez mais: com o passar dos anos tinha parado de pintar, mas pensava escrevendo e desenhando, e, como que perseguindo um único discurso com desenhos e palavras, enchia seus cadernos com sua escrita canhota e especular.

No fólio 265 do Códice Atlântico, Leonardo começa arrolando provas para demonstrar a tese do crescimento da terra. Depois de exemplificar com as cidades sepultas que foram tragadas pelo solo, passa aos fósseis marinhos encontrados no alto das montanhas, e em particular a certos ossos que se supõe tenham pertencido a um monstro marinho antidiluviano. Nesse ponto sua imaginação devia estar fascinada pela visão do imenso animal nos tempos em que ele ainda nadava entre as ondas. O fato é que volta a página e procura fixar a imagem do animal, tentando por três vezes uma frase capaz de reproduzir toda a maravilha da evocação:

> *O quante volte fusti tu veduto in fra l'onde del gonfiato e grande oceano, col setoluto e nero dosso, a guisa di montagna e con grave e superbo andamento!*

> Ó quantas vezes foste visto entre as ondas enfunadas do furioso oceano, com o cerdoso e negro dorso à guisa de montanha, movendo-se com grave e soberbo andamento!

Em seguida, procura movimentar o *andamento* do monstro, introduzindo o verbo *voltejar:*

> *E spesse volte eri veduto in fra l'onde del gonfiato e grande oceano, e col superbo e grave moto gir volteggiando in fra le marine acque. E con setoluto e nero dosso, a guisa di montagna, quelle vincere e sopraffare!*

> E amiudadas vezes foste visto entre as ondas enfunadas do furioso oceano, a voltejar com soberbo e grave movimento entre as marinhas águas. E com o cerdoso e negro dorso à guisa de montanha, a vencê-las e subjugá-las.

Mas o *voltejar* parece-lhe atenuar a impressão de imponência e majestade que deseja evocar. Escolhe então o verbo *sulcar* e corrige toda a construção do trecho dando-lhe consistência e ritmo, com seguro senso literário:

> *O quante volte fusti tu veduto in fra l'onde del gonfiato e grande oceano, a guisa di montagna quelle vincere e sopraffare, e col seto-*

luto e nero dosso solcare le marine acque, e con superbo e grave andamento!

Ó quantas vezes foste visto entre as ondas enfunadas do furioso oceano, a vencê-las e subjugá-las, e, com o cerdoso e negro dorso à guisa de montanha, a sulcar com soberbo e grave andamento entre as marinhas águas!

A sequência dessa aparição que se apresenta quase como um símbolo da força solene da natureza abre-nos uma fresta para o funcionamento da imaginação de Leonardo. Ofereço-lhes esta imagem como fecho de minha conferência, para que possam conservá-la na memória o maior tempo possível em toda a sua limpidez e em seu mistério.

4
VISIBILIDADE

Há um verso de Dante no "Purgatório" (XVII, 25) que diz: "Poi piovve dentro a l'alta fantasia" [Chove dentro da alta fantasia]. Minha conferência de hoje partirá desta constatação: a fantasia, o sonho, a imaginação é um lugar dentro do qual chove.

Vejamos em que contexto se encontra este verso do "Purgatório". Estamos no círculo dos coléricos e Dante contempla imagens que se formam diretamente em seu espírito, e que representam exemplos clássicos e bíblicos de punição da ira; Dante compreende que essas imagens chovem do céu, ou seja, que é Deus quem as envia.

Nos vários círculos do "Purgatório", postos de lado os pormenores da paisagem e da abóboda celeste, além dos encontros com as almas de pecadores arrependidos e entes sobrenaturais, apresentam-se a Dante cenas que são verdadeiras citações ou representações de exemplos de pecados e virtudes: primeiro sob a forma de baixos-relevos que parecem mover-se e falar, em seguida como visões projetadas diante de seus olhos, como vozes que chegam aos seus ouvidos, e por fim como imagens puramente mentais. Em suma, essas visões se vão progressivamente interiorizando, como se Dante se desse conta de que era inútil inventar para cada círculo uma nova forma de metarrepresentação, bastando situar tais visões na mente, sem fazê-las passar através dos sentidos.

Mas antes de assim proceder, impõe-se definir o que seja a imaginação, e Dante o faz nos seguintes tercetos (XVII, 13-18):

O imaginativa che ne rube
tavolta sì di fuor, ch'om non s'accorge
perché dintorno suonin mille tube,
chi move te, se 'l senso non ti porge?
Moveti lume che nel ciei s'informa
per sé o per voler che giù lo scorge.

Ó imaginativa que por vezes
tão longe nos arrasta, e nem ouvimos
as mil trombetas que ao redor ressoam;
que te move, se o senso não te excita?
Move-te a luz que lá no céu se forma
por si ou esse poder que a nós te envia.

Trata-se, bem entendido, da "alta fantasia", como será especificado pouco adiante, ou seja, da parte mais elevada da imaginação, diversa da imaginação corpórea, como a que se manifesta no caos dos sonhos. Estabelecido este ponto, tentemos acompanhar o raciocínio de Dante, que reproduz fielmente o da filosofia de seu tempo.

Ó imaginação, que tens o poder de te impores às nossas faculdades e à nossa vontade, extasiando-nos num mundo interior e nos arrebatando ao mundo externo, tanto que mesmo se mil trombetas estivessem tocando não nos aperceberíamos; de onde provêm as mensagens visíveis que recebes, quando essas não são formadas por sensações que se depositaram em nossa memória? "Moveti lume che nel ciel s'informa" [Move-te a luz que lá no céu se forma]: segundo Dante — e segundo santo Tomás de Aquino —, há no céu uma espécie de fonte luminosa que transmite imagens ideais, formadas segundo a lógica intrínseca do mundo imaginário, ("per sé") ou segundo a vontade de Deus ("o per voler che giù lo scorge").

Dante está falando das visões que se apresentam a ele (ao personagem Dante) quase como projeções cinematográficas ou recepções televisivas num visor separado daquela que para ele é a realidade objetiva de sua viagem ultraterrena. Mas para o poeta Dante, toda a viagem da personagem Dante é como essas visões; o poeta deve imaginar visualmente tanto o que seu personagem vê, quanto aquilo que acredita ver, ou que está sonhando, ou que recorda, ou que vê representado, ou que lhe é contado, assim como deve imaginar o conteúdo visual das metáforas de que se serve precisamente para facilitar essa evocação visiva. O que Dante está procurando definir será portanto o papel da imaginação na *Divina comédia,* e mais precisamente a parte visual de sua fantasia, que precede ou acompanha a imaginação verbal.

Podemos distinguir dois tipos de processos imaginativos: o que parte da palavra para chegar à imagem visiva e o que parte da imagem visiva para chegar à expressão verbal. O primeiro processo é o que ocorre normalmente na leitura: lemos por exemplo uma cena de romance ou a reportagem de um acontecimento num jornal, e conforme a maior ou menor eficácia do texto somos levados a ver a cena como se esta se desenrolasse diante de nossos olhos, se não toda a cena, pelo menos fragmentos e detalhes que emergem do indistinto.

No cinema, a imagem que vemos na tela também passou por um texto escrito, foi primeiro "vista" mentalmente pelo diretor, em seguida reconstruída em sua corporeidade num *set,* para ser finalmente fixada em fotogramas de um filme. Todo filme é, pois, o resultado de uma sucessão de etapas, imateriais e materiais, nas quais as imagens tomam forma; nesse processo, o "cinema mental" da imaginação desempenha um papel tão importante quanto o das fases de realização efetiva das sequências, de que a *câmera* permitirá o registro e a *moviola* a montagem. Esse "cinema mental" funciona continuamente em nós — e sempre funcionou, mesmo antes da invenção do cinema — e não cessa nunca de projetar imagens em nossa tela interior.

É significativa a importância de que se reveste a imaginação visiva nos *Exercícios espirituais* de santo Inácio de Loyola. Logo no início de seu manual, santo Inácio prescreve "a composição visiva do lugar" ("composición viendo el lugar") em termos que lembram instruções para a *mise-en-scène* de um espetáculo: "... em toda contemplação ou meditação visiva, como por exemplo contemplar Cristo nosso Senhor sob a forma visível, a composição consistirá em ver com os olhos da imaginação o lugar físico onde se encontra aquilo que desejo contemplar. Quando digo lugar físico, digo por exemplo um templo ou monte onde estejam Jesus Cristo ou Nossa Senhora...". Logo em seguida, santo Inácio se apressa em precisar que a contemplação dos próprios pecados não deve ser visiva, ou — se bem entendo — que ela deve recorrer a uma visibilidade de tipo metafórico (a alma encarcerada no corpo corruptível).

Mais adiante, no primeiro dia da segunda semana, o exercício espiritual começa com uma vasta visão panorâmica e com espetaculares cenas de multidão:

> *1º puncto. El primer puncto es ver las personas, las unas y las otras; y primer o las de la haz de la tierra, en tanta diversidad, así en trajes como en gestos, unos blancos y otros negros, unos en paz y otros en guerra, unos llorando y otros riendo, unos sanos, otros enfermos, unos nasciendo y otros muriendo, etc.*
>
> *2º: Ver y considerar las tres personas divinas, como en el su solio real o throno de la su divina majestad, cómo miran toda la haz y redondez de la tierra y todas las gentes en tanta çeguedad, y como mueren y descienden al infierno.*

> 1º ponto. O primeiro ponto é ver as pessoas, umas como as outras; e primeiro as da face da terra em toda a sua diversidade de trajes e de gestos, uns brancos e outros negros, uns em paz e outros em guerra, uns chorando e outros rindo, uns sãos, outros enfermos, uns nascendo e outros morrendo etc.

2º: Ver e considerar como as três pessoas divinas, sobre o sólio ou trono de sua divina majestade, veem a face e a redondez da terra e todas as gentes que vivem na cegueira e como morrem e descem ao inferno.

A ideia de que o Deus de Moisés não tolerava ser representado em imagem parece jamais ocorrer a Inácio de Loyola. Ao contrário, dir-se-ia que ele reivindica para todo cristão o grande dom visionário de Dante e Michelangelo — sem mesmo o freio que Dante se sente no dever de aplicar à sua própria imaginação figurativa diante das supremas visões celestiais do Paraíso.

No exercício espiritual seguinte (segunda contemplação, 1º ponto), o próprio contemplador deve entrar em cena e assumir o papel de ator na ação imaginária:

El primer puncto es ver las personas, es a saber, ver a Nuestra Señora y a Joseph y a la ancilla y ai niño Jesú, después de ser nascido, haziéndome yo un pobrezito y esclavito indigno, mirándolos, contemplándolos y serviéndolos en sus necesidades, como si presente me hallase, con todo acatamiento y reverencia possible; y después reflectir en my mismo para sacar algún provecho.

O primeiro ponto é ver as pessoas, ou seja, ver Nossa Senhora e José e a ancila e o menino Jesus recém-nascido, fazendo de mim mesmo um pobrezinho, um ínfimo e indigno escravo, olhando-os, contemplando-os e servindo-lhes em suas necessidades, como se presente me encontrasse, com todo acatamento e reverência possíveis; e então refletir comigo mesmo para tirar daí algum proveito.

É verdade que o catolicismo da Contrarreforma tinha na comunicação visiva um veículo fundamental, por meio das sugestões emotivas da arte sacra, com o qual o fiel devia ascender aos significados segundo o ensinamento oral da Igreja. Tratava-se, no entanto, de partir sempre de uma dada imagem, proposta pela própria Igreja, e não da "imaginada" pelo fiel. O que (a meu ver) caracteriza o procedimento de Loyola, mesmo em relação às formas de devoção de sua época, é a passagem da palavra à imaginação visiva, como via de acesso ao conhecimento dos significados profundos. Aqui também tanto o ponto de partida quanto o de chegada estão previamente determinados; entre os dois abre-se um campo de possibilidades infinitas de aplicações da fantasia individual, na figuração de personagens, lugares, cenas em movimento. O próprio fiel é conclamado a pintar por si mesmo nas paredes de sua imaginação os afrescos sobrecarregados de figuras, partindo das solicitações que a sua imaginação visiva consegue extrair de um enunciado teológico ou de um lacônico versículo bíblico.

Voltemos à problemática literária, e perguntemo-nos como se forma o imaginário de uma época em que a literatura, já não mais se referindo a uma autoridade ou tradição que seria sua origem ou seu fim, visa antes à novidade, à originalidade, à invenção. Parece-me que nessa situação o problema da prioridade da imagem visual ou da expressão verbal (que é um pouco assim como o problema do ovo e da galinha) se inclina decididamente para a imagem visual.

De onde provêm as imagens que "chovem" na fantasia? Dante tinha, com toda justiça, um alto conceito de si mesmo, não hesitando em proclamar que suas visões eram diretamente inspiradas por Deus. Os escritores mais próximos de nós (excetuando alguns casos raros de vocação profética) ligam-se de preferência a emissores terrestres, tais como o inconsciente individual ou coletivo, o tempo reencontrado graças às sensações que afloram do tempo perdido, as epifanias ou concentrações do ser num determinado instante ou ponto singular. Trata-se, em suma, de processos que, embora não partam do céu, exorbitam das nossas intenções e de nosso controle, assumindo a respeito do indivíduo uma espécie de transcendência. E não são apenas os poetas e romancistas que levantam o problema: de maneira análoga, também o levanta um estudioso da inteligência como Douglas Hofstadter em seu famoso volume *Gödel, Escher, Bach,* em que o verdadeiro problema consiste na escolha entre várias imagens que "chovem" na fantasia:

> *Think, for instance, of a writer who is trying to convey certain ideas which to him are contained in mental images. He isn't quite sure how those images fit together in his mind, and he experiments around, expressing things first one way and then another, and finally settles on some version. But does he know where it all came from? Only in a vague sense. Much of the source, like an iceberg, is deep underwater, unseen — and he knows that.*

> Admitamos, por exemplo, um escritor que esteja tentando transmitir certas ideias que para ele estão encerradas sob a forma de imagens mentais. Não estando totalmente seguro de como essas imagens se harmonizam em seu espírito, vai procedendo por tentativas, exprimindo-as ora de um modo ora de outro, para chegar finalmente a uma determinada versão. Mas sabe acaso de onde tudo isso provém? Apenas de maneira vaga. A maior parte da fonte permanece, como um *iceberg,* imersa profundamente na água, fora de vista, — e ele sabe disso.

Mas talvez antes fosse melhor passar em revista as diversas maneiras como este problema foi arguido no passado. A história mais abrangente, clara e sintética da ideia de imaginação que pude encontrar foi um ensaio de Jean Starobinski, "O império do imaginário" (no volume *La relation critique,* Gallimard, 1970). Da magia renascentista de origem neoplatônica é que parte a ideia da imaginação como comunicação com a alma do mundo, ideia mais tarde retomada pelo Romantismo e pelo Surrealismo. Tal ideia contrasta com a da imaginação como instrumento de saber, segundo a qual a imaginação, embora seguindo outros caminhos que não os do conhecimento científico, pode coexistir com esse último, e até coadjuvá-lo, chegando mesmo a representar para o cientista um momento necessário na formulação de suas hipóteses. Já as teorias da imaginação como depositárias da verdade do universo podem-se ajustar a uma *Naturphilosophie* ou a um tipo de conhecimento teosófico, mas são incompatíveis com o conhecimento científico. A menos que se separe o domínio do conhecimento em dois, deixando à ciência o mundo externo e isolando o conhecimento imaginativo na interioridade individual. Starobinski reconhece nessa última posição o método da psicanálise freudiana, ao passo que o de Jung, que dá aos arquétipos e ao inconsciente coletivo uma validade universal, se relaciona à ideia de imaginação como participação na verdade do mundo.

Chegando a este ponto, a pergunta à qual não posso me esquivar é a seguinte: em qual das duas correntes delineadas por Starobinski devo situar minha ideia de imaginação? Para encontrar a resposta, terei de certa maneira que percorrer a minha experiência de escritor, principalmente aquela que se refere à narrativa fantástica. Quando comecei a escrever histórias fantásticas, ainda não me colocava problemas teóricos; a única coisa de que estava seguro era que na origem de cada um de meus contos havia uma imagem visual. Por exemplo, uma dessas imagens era a de um homem cortado em duas metades que continuavam a viver independentemente; outro exemplo poderia ser a do rapaz que trepa numa árvore e depois vai passando de uma a outra sem nunca mais tocar os pés no chão; outra ainda, uma armadura vazia que se movimenta e fala como se alguém estivesse dentro dela.

A primeira coisa que me vem à mente na idealização de um conto é, pois, uma imagem que por uma razão qualquer apresenta-se a mim carregada de significado, mesmo que eu não o saiba formular em termos discursivos ou conceituais. A partir do momento em que a imagem adquire uma certa nitidez em minha mente, ponho-me a desenvolvê-la numa história, ou melhor, são as próprias imagens que desenvolvem suas potencialidades implícitas, o conto que trazem dentro de si.

Em torno de cada imagem escondem-se outras, forma-se um campo de analogias, simetrias e contraposições. Na organização desse material, que não é apenas visivo mas igualmente conceitual, chega o momento em que intervém minha intenção de ordenar e dar um sentido ao desenrolar da história — ou, antes, o que faço é procurar estabelecer os significados que podem ser compatíveis ou não com o desígnio geral que gostaria de dar à história, sempre deixando certa margem de alternativas possíveis. Ao mesmo tempo, a escrita, a tradução em palavras, adquire cada vez mais importância; direi que a partir do momento em que começo a pôr o preto no branco, é a palavra escrita que conta: à busca de um equivalente da imagem visual se sucede o desenvolvimento coerente da impostação estilística inicial, até que pouco a pouco a escrita se torna a dona do campo. Ela é que irá guiar a narrativa na direção em que a expressão verbal flui com mais felicidade, não restando à imaginação visual senão seguir atrás.

Nas *Cosmicomiche* o processo é ligeiramente diverso, porque o ponto de partida é um enunciado extraído do discurso científico: é desse enunciado conceitual que deve nascer o jogo autônomo das imagens visuais. Meu intento era demonstrar como o discurso por imagens, característico do mito, pode brotar de qualquer tipo de terreno, até mesmo da linguagem mais afastada de qualquer imagem visual, como é o caso da linguagem da ciência hodierna. Mesmo quando lemos o livro científico mais técnico ou o mais abstrato dos livros de filosofia, podemos encontrar uma frase que inesperadamente serve de estímulo à fantasia figurativa. Encontramos aí um destes casos em que a imagem é determinada por um texto escrito preexistente (uma página ou uma simples frase com a qual me defronto na leitura), dele se podendo extrair um desenrolar fantástico tanto no espírito do texto de partida quanto numa direção completamente autônoma.

A primeira "cosmicômica" que escrevi, *A distância da Lua,* é a mais "surrealista", por assim dizer, no sentido em que o assunto, baseando-se na física gravitacional, deixa o caminho livre para uma fantasia do tipo onírico. Em outras cosmicômicas, o enredo é guiado por uma ideia mais consequente com o ponto de partida científico, mas sempre revestida por um invólucro imaginoso, afetivo, de vozes monologantes e dialogantes.

Em suma, meu processo procura unificar a geração espontânea das imagens e a intencionalidade do pensamento discursivo. Mesmo quando o impulso inicial vem da imaginação visiva que põe em funcionamento sua lógica própria, mais cedo ou mais tarde ela vai cair nas malhas de uma outra lógica imposta pelo raciocínio e a expressão verbal. Seja como for, as soluções visuais continuam a ser determinantes, e vez por outra chegam inesperadamente a decidir situações que nem as conjecturas do pensamento nem os recursos da linguagem conseguiriam resolver.

Um esclarecimento sobre o antropomorfismo nas *Cosmicomiche:* a ciência me interessa justamente na medida em que me esforço para sair do conhecimento antropomórfico; mas ao mesmo tempo, estou convencido de que nossa imaginação só pode ser antropomorfa; daí meu desafio de representar antropomorficamente um universo no qual o homem jamais tenha existido, ou em que pareça extremamente improvável que possa vir a existir.

Eis o momento de responder a pergunta que me havia feito a propósito das duas correntes propostas por Starobinski: a imaginação como instrumento de saber ou como identificação com a alma do mundo. Por qual optaria? A julgar pelo que disse, deveria ser um adepto fervoroso da primeira tendência, pois o conto é para mim a unificação de uma lógica espontânea das imagens e de um desígnio levado a efeito segundo uma intenção racional. Mas ao mesmo tempo sempre busquei na imaginação um meio para atingir um conhecimento extraindividual, extraobjetivo; portanto seria justo que me declarasse mais próximo da segunda posição, a que a identifica com a alma do mundo.

Mas há uma outra definição na qual me reconheço plenamente, a da imaginação como repertório do potencial, do hipotético, de tudo quanto não é, nem foi e talvez não seja, mas que poderia ter sido. No tratado de Starobinski este aspecto aparece no ponto em que recorda a concepção de Giordano Bruno, para quem o "spiritus phantasticus" é "mundus quidem et sinus inexplebilis formarum et specierum" [um mundo ou receptáculo, jamais saturado, de formas e de imagens]. Pois bem, creio ser indispensável a toda forma de conhecimento atingir esse golfo da multiplicidade potencial. A mente do poeta, bem como o espírito do cientista em certos momentos decisivos, funcionam segundo um processo de associações de imagens que é o sistema mais rápido de coordenar e escolher entre as formas infinitas do possível e do impossível. A fantasia é uma espécie de máquina eletrônica que leva em conta todas as combinações possíveis e escolhe as que obedecem a um fim, ou que simplesmente são as mais interessantes, agradáveis ou divertidas.

Resta-me esclarecer a parte que nesse golfo fantástico cabe ao imaginário indireto, ou seja, o conjunto de imagens que a cultura nos fornece, seja ela cultura de massa ou outra forma qualquer de tradição. Esta questão suscita de imediato uma outra: que futuro estará reservado à imaginação individual nessa que se convencionou chamar a "civilização da imagem"? O poder de evocar imagens *in absentia* continuará a desenvolver-se numa humanidade cada vez mais inundada pelo dilúvio das imagens pré-fabricadas? Antigamente a memória visiva de um indivíduo estava limitada ao patrimônio de suas experiências diretas e a um reduzido repertório de imagens refletidas pela cultura; a possibilidade de dar forma a mitos pessoais nascia do modo pelo qual os fragmentos dessa memória se combinavam entre si em abordagens inesperadas e sugestivas. Hoje somos bombardeados por uma tal quantidade de imagens a ponto de não podermos distinguir mais a experiência direta daquilo que vimos há poucos segundos na televisão. Em nossa memória se depositam, por estratos sucessivos, mil estilhaços de imagens, semelhantes a um depósito de lixo, onde é cada vez menos provável que uma delas adquira relevo.

Se incluí a Visibilidade em minha lista de valores a preservar foi para advertir que estamos correndo o perigo de perder uma faculdade humana fundamental: a capacidade de pôr em foco visões de olhos fechados, de fazer brotar cores e formas de um alinhamento de caracteres alfabéticos negros sobre uma página branca, de *pensar* por imagens. Penso numa possível pedagogia da imaginação que nos habitue a controlar a própria visão interior sem sufocá-la e sem, por outro lado, deixá-la cair num confuso e passageiro fantasiar, mas permitindo que as imagens se cristalizem numa forma bem definida, memorável, autossuficiente, "icástica".

É claro que se trata de uma pedagogia que só podemos aplicar a nós mesmos, seguindo métodos a serem inventados a cada instante e com resultados imprevisíveis. A experiência de minha formação inicial é já a de um filho da "civilização da imagem", ainda que ela estivesse em seu início, muito distante da inflação atual. Digamos que eu seja filho de uma época intermediária, em que se concedia bastante importância às ilustrações coloridas que acompanhavam a infância, em seus livros, seus suplementos juvenis e seus brinquedos. Creio que o fato de ter nascido naquele período tenha marcado profundamente a minha formação. Meu mundo imaginário foi influenciado antes de mais nada pelas figurinhas do *Corriere dei Piccoli,* que era à época o mais difundido dos semanários infantis. Falo de um período de minha vida que vai dos três aos treze anos, antes que a paixão pelo cinema se tornasse para mim um delírio absoluto que durou toda a minha adolescência. E mais, creio que o período decisivo tenha sido entre os três e os seis anos, antes de aprender a ler.

Nos anos vinte, o *Corriere dei Piccoli* publicava na Itália os mais conhecidos *comics* americanos da época: Happy Hooligan, os Katzenjammer Kids, Felix the Cat, Maggie and Jiggs, todos rebatizados com nomes italianos. E havia também séries italianas, algumas de ótima qualidade quanto ao bom gosto gráfico e o estilo da época. Por esse tempo, ainda não havia entrado em uso na Itália o sistema de se escrever as frases dos diálogos nos balões (que só começou nos anos trinta, quando Mickey Mouse foi importado); o *Corriere dei Piccolli* redesenhava os quadrinhos americanos sem os balões, que eram substituídos por dois ou quatro versos rimados em baixo de cada quadrinho. Mas eu, que ainda não sabia ler, passava otimamente sem essas palavras, já que me bastavam as figuras. Não largava aquelas revistinhas que minha mãe havia começado a comprar e a colecionar ainda antes de eu nascer e que mandava encadernar a cada ano. Passava horas percorrendo os quadrinhos de cada série de um número a outro, contando para mim mesmo mentalmente as histórias cujas cenas interpretava cada vez de maneira diferente, inventando variantes, fundindo episódios isolados em uma história mais ampla, descobrindo, isolando e coordenando as constantes de cada série, contaminando uma série com outra, imaginando novas séries em que personagens secundários se tornavam protagonistas.

Quando aprendi a ler, a vantagem que me adveio foi mínima: aqueles versos simplórios de rimas emparelhadas não forneciam informações inspiradoras; no mais das vezes eram interpretações da história, de orelhada, tais quais as minhas; estava claro que o versejador não tinha a mínima ideia do que poderia estar escrito nos balõezinhos do original, seja porque não soubesse inglês ou porque trabalhasse com os quadrinhos já redesenhados e tornados mudos. Seja como for, eu preferia ignorar as linhas escritas e continuar na minha ocupação favorita de fantasiar *em cima* das figuras, imaginando a continuação.

Esse hábito certamente retardou minha capacidade de concentrar-me sobre a palavra escrita (a atenção necessária para a leitura só a fui adquirir mais tarde, e com esforço), mas a leitura das figurinhas sem palavras foi para mim sem dúvida uma escola de fabulação, de estilização, de composição da imagem. Por exemplo, a elegância gráfica de Pat O'Sullivan em campir num simples quadrinho a silhueta do Gato Félix numa estrada que se perde na paisagem dominada pela lua cheia no alto de um céu escuro, creio que permaneceu sempre para mim como um modelo.

A operação que levei a efeito na idade madura, de extrair histórias utilizando a sucessão das misteriosas figuras do tarô, interpretando a mesma figura cada vez de um modo diferente, com certeza tem suas raízes naquele meu desvario infantil sobre as páginas repletas de figuras. O que tentei estabelecer no *Castello dei destini incrociati* foi uma espécie de iconologia fantástica, não apenas com as figuras do tarô mas igualmente com quadros da grande pintura italiana. De fato, procurei interpretar as pinturas de Carpaccio na Escola de San Giorgio degli Schiavoni, em Veneza, seguindo as legendas de são Jorge e de são Jerônimo como se fossem uma história única, a vida de uma só pessoa, identificando minha vida com a de Jorge-Jerônimo. Essa iconologia fantástica tornou-se o modo habitual de exprimir minha grande paixão pela pintura: adotei o método de contar *minhas* histórias a partir de quadros famosos da história da arte ou então de figuras que exercem sobre mim alguma sugestão.

Digamos que diversos elementos concorrem para formar a parte visual da imaginação literária: a observação direta do mundo real, a transfiguração fantasmática e onírica, o mundo figurativo transmitido pela cultura em seus vários níveis, e um processo de abstração, condensação e interiorização da experiência sensível, de importância decisiva tanto na visualização quanto na verbalização do pensamento.

Todos esses elementos estão de certa forma presentes nos autores que considero como modelos, sobretudo nas épocas particularmente felizes para a imaginação visual, nas literaturas do Renascimento e do Barroco e nas do Romantismo. Ao organizar minha antologia do conto fantástico no século XIX, segui a corrente visionária e espetacular que extravasa dos contos de

Hoffmann, Chamisso, Arnim, Eichendorff, Potocki, Gogol, Nerval, Gautier, Hawthorne, Poe, Dickens, Turgueniev, Leskov e vai dar em Stevenson, Kipling, Wells. Paralelamente a essa, segui ainda outra corrente — em alguns casos até com os mesmos autores —, que faz o fantástico brotar do cotidiano, um fantástico interiorizado, mental, invisível, que culminaria em Henry James.

A literatura fantástica será possível no ano 2000, submetido a uma crescente inflação de imagens pré-fabricadas? Os caminhos que vemos abertos até agora parecem ser dois: 1) Reciclar as imagens usadas, inserindo-as num contexto novo que lhes mude o significado. O pós-modernismo pode ser considerado como a tendência de utilizar de modo irônico o imaginário dos meios de comunicação, ou antes como a tendência de introduzir o gosto do maravilhoso, herdado da tradição literária, em mecanismos narrativos que lhe acentuem o poder de estranhamento. 2) Ou então apagar tudo e recomeçar do zero. Samuel Beckett obteve os mais extraordinários resultados reduzindo ao mínimo os elementos visuais e a linguagem, como num mundo de depois do fim do mundo.

Balzac terá sido talvez o primeiro escritor a apresentar, em seu livro *Le chef-d'oeuvre inconnu,* todos esses problemas ao mesmo tempo. E não é por acaso que tal percepção, que poderíamos classificar de fantástica, tenha partido de Balzac, situado num ponto nodal da história da literatura, numa experiência "de limite", ora visionário ora realista, ora ambos a um só tempo, e que parece sempre arrastado pela força da natureza, mas também sempre muito consciente daquilo que faz.

Le chef-d'oeuvre inconnu, em que Balzac trabalhou de 1831 a 1837, tinha no início o subtítulo "conto fantástico", ao passo que na versão definitiva figura como "estudo filosófico". Nesse ínterim ocorreu — como o próprio Balzac declara em outro conto — que "la littérature a tué le fantastique" [a literatura matou o fantástico]. O quadro perfeito do velho pintor Frenhofer, no qual apenas um pé feminino emerge de um caos de cores, de uma névoa informe, na primeira versão do conto (publicada em 1831, numa revista) é compreendido e admirado por dois colegas seus, Pourbus e Nicolas Poussin. "Combien de jouissances sur ce morceau de toile!" [Quantas delícias num pequeno pedaço de tela!] E até mesmo a mulher que lhe serviu de modelo, embora sem nada compreender, se mostra de certo modo impressionada.

Na segunda versão (datada também de 1831, mas agora em volume), algumas novas réplicas demonstram a incompreensão dos colegas. Frenhofer continua um místico iluminado que vive para seu ideal, mas está condenado à solidão. A versão definitiva, de 1837, acrescenta várias páginas de reflexões técnicas sobre a pintura, e um final em que Frenhofer aparece claramente como um louco, que acabará por encerrar-se com sua pretensa obra-prima, para depois queimá-la e suicidar-se.

Le chef-d'oeuvre inconnu foi várias vezes interpretado como uma parábola sobre o desenvolvimento da arte moderna. Ao ler o último desses estudos, o de Hubert Damisch (*in Fenêtre jaune cadmium,* Éd. du Seuil, Paris, 1984), percebi que o conto pode ser também interpretado como uma parábola sobre a literatura, sobre a diversidade inconciliável entre expressão linguística e experiência sensível, sobre a inapreensibilidade da imaginação visiva. A primeira versão define o fantástico pela impossibilidade de defini-lo:

> *Pour toutes ces singularités, l'idiome moderne n'a qu'un mot:* c'etait indéfinissable... *Admirable expression. Elle resume la littérature fantastique; elle dit tout ce qui échappe aux perceptions bornées de notre esprit; et quand vous l'avez placée sous les yeux d'un lecteur, il est lancé dans l'espace imaginaire...*

> Para todas essas singularidades, o idioma de hoje só encontra uma palavra: *é indefinível...* Admirável expressão, que resume toda a literatura fantástica; ela diz tudo o que escapa às percepções precárias de nosso espírito; e quando a colocais sob os olhos de um leitor, ele se vê lançado no espaço imaginário...

Nos anos seguintes, Balzac refuta a literatura fantástica, que para ele significava a arte como conhecimento místico do todo; empreende a descrição minuciosa do mundo tal como é, sempre com a convicção de exprimir o segredo da vida. Como Balzac tivesse demoradamente hesitado se faria de Frenhofer um vidente ou um louco, seu conto continua portador de uma ambiguidade em que reside sua verdade mais profunda. A fantasia do artista é um mundo de potencialidades que nenhuma obra conseguirá transformar em ato; o mundo em que exercemos nossa experiência de vida é um outro mundo, que corresponde a outras formas de ordem e de desordem; os estratos de palavras que se acumulam sobre a página como os estratos de cores sobre a tela são ainda um outro mundo, também ele infinito, porém mais governável, menos refratário a uma forma. A correlação entre esses três mundos é aquele *indefinível* de que falava Balzac: ou melhor, poderíamos classificá-lo de *indecidível,* como o paradoxo de um conjunto infinito que contivesse outros conjuntos infinitos.

O escritor — falo do escritor de ambições infinitas, como Balzac — realiza operações que envolvem o infinito de sua imaginação ou o infinito da contingência experimentável, ou de ambos, com o infinito das possibilidades linguísticas da escrita. Alguém poderia objetar que uma simples vida humana, limitada entre o nascimento e a morte, só pode conter uma quantidade finita de informações: como poderiam então o imaginário individual e a experiência individual estender-se para além desses limites? Pois bem, acho vãos todos esses esforços para fugir à vertigem do inumerável. Giordano Bruno explicou-nos como o "spiritus phantasticus", no qual a fantasia do escritor atinge forma e figura, é um poço sem fundo; e quanto à realidade externa, a *Comédia humana* de Balzac parte do pressuposto de que o mundo escrito pode estar em homologia com o mundo vivente, tanto daquele de hoje como do de ontem e o de amanhã.

O Balzac "fantástico" havia tentado capturar a alma do

mundo numa única figura dentre todas as infinitamente imagináveis; mas era preciso, para assim fazer, que carregasse a palavra escrita de tal intensidade que essa, como as cores e as linhas no quadro de Frenhofer, acabaria por não mais se reportar a um mundo exterior a si mesma. Chegando a esse limiar, Balzac se detém, e modifica seu programa. Em lugar da escrita intensiva, a escrita extensiva. O Balzac realista procurará cobrir de escrita a extensão infinita do espaço e do tempo fervilhantes de multidões, de existências, de histórias.

Mas não poderia se produzir o mesmo que ocorre nos quadros de Escher que Douglas R. Hofstadter cita para ilustrar o paradoxo de Gödel? Numa galeria de quadros, um homem contempla a paisagem de uma cidade e essa paisagem se abre a ponto de incluir a galeria que a contém e o homem que a está observando. Balzac na sua Comédia humana infinita deverá incluir também o escritor fantástico que ele é ou foi, com todas as suas infinitas fantasias; e deverá incluir também o escritor realista que ele é ou quer ser, sempre empenhado em capturar o infinito mundo real na sua Comédia humana. (Mas talvez seja o mundo interior do Balzac "fantástico" que inclui o mundo interior do Balzac realista, porque uma das infinitas fantasias do primeiro coincide com o infinito realista da Comédia humana...)

Seja como for, todas as "realidades" e as "fantasias" só podem tomar forma através da escrita, na qual exterioridade e interioridade, mundo e ego, experiência e fantasia aparecem compostos pela mesma matéria verbal; as visões polimorfas obtidas através dos olhos e da alma encontram-se contidas nas linhas uniformes de caracteres minúsculos ou maiúsculos, de pontos, vírgulas, de parênteses; páginas inteiras de sinais alinhados, encostados uns aos outros como grãos de areia, representando o espetáculo variegado do mundo numa superfície sempre igual e sempre diversa, como as dunas impelidas pelo vento do deserto.

5
MULTIPLICIDADE

Comecemos por uma citação:

Nella sua saggezza e nella sua povertà molisana, il dottor Ingravallo, che pareva vivere di silenzio e di sonno sotto la giungla nera di quella parrucca, lúcida come pece e riccioluta come d'agnello d'Astrakan, nella sua saggezza interrompeva talora codesto sonno e silenzio per enunciare qualche teoretica idea (idea generate s'intende) sui casi degli uomini: e delle donne. A prima vista, cioè al primo udirle, sembravano banalità. Non erano banalità. Così quei rapidi enunciati, che facevano sulla sua bocca il crepitio improvviso d'uno zolfanello illuminatore, rivivevano poi nei timpani della gente a distanza di ore, o di mesi, dalla enunciazione: come dopo un misterioso tempo incubatorio. "Già!" riconosceva l'interessato: "il dottor Ingravallo me l'aveva pur detto". Sosteneva, fra l'altro, che le inopinate catastrofi non sono mai la conseguenza o l'effetto che dir si voglia d'un unico motivo, d'una causa al singolare: ma sono come un vortice, un punto di depressione ciclonica nella coscienza del mondo, verso cui hanno cospirato tutta una molteplicità di causali convergenti. Diceva anche nodo o groviglio, o garbuglio, o gnommero, che alla romana vuol dire gomitolo. Ma il termine giuridico "le causali, la causale" gli sfuggiva preferentemente di bocca: quasi contro sua voglia. L'opinione che bisognasse "riformare in noi il senso della categoria di causa" quale avevamo dai filosofi, da Aristotele o da Emmanuele Kant, e sostituire alla causa le cause era in lui una opinione centrale e persistente: una fissazione, quasi: che gli evaporava dalle labbra carnose, ma piuttosto bianche, dove un mozzicone di sigaretta spenta pareva, pencolando da un angolo, accompagnare la sonnolenza dello sguardo e il quasi-ghigno, tra amaro e scettico, a cui per "vecchia" abitudine soleva atteggiare la metà inferiore della faccia, sotto quel sonno della fronte e delle palpebre e quel nero pìceo della parrucca. Così, proprio così, avveniva dei "suoi" delitti. "Quanno me chiammeno!... Già! Sì me chiammeno a me... può sta ssicure ch'è nu guaio: quacche gliuommero... de sbertà..." diceva, contaminando napolitano, molisano, e italiano.

La causale apparente, la causale príncipe, era sì, una. Ma il fattaccio era l'effetto di tutta una rosa di causali che gli eran soffiate addosso a molinello (come i sedici venti della rosa dei venti quando s'avviluppano a tromba in una depressione ciclonica) e avevano finito per strizzare nel vortice del delitto la debilitata "ragione del mondo". Come si storce il collo a un pollo. E poi soleva dire, ma questo un po' stancamente, "ch'i' femmene se retroveno addo' n'i vuò truvà". Una tarda riedizione italica del vieto "cherchez la femme". E poi pareva pentirsi, come d'aver calunniato 'e femmene, e voler mutare idea. Ma altera si sarebbe andati nel difficile. Sicché taceva pensieroso, come temendo d'aver detto troppo. Voleva significare che un certo movente affettivo, un tanto o, direste oggi, un quanto di affettività, un certo "quanto di erotia", si mescolava anche ai "casi d'interesse", ai delitti apparentemente più lontani dalle tempeste d'amore. Qualche collega un tantino invidioso delle sue trovate, qualche prete più edotto dei molti danni del secolo, alcuni subalterni, certi uscieri, i superiori, sostenevano che leggesse dei libri strani: da cui cavava tutte quelle parole che non vogliono dir nulla, o quasi nulla, ma servono come non altre ad accileccare gli sprovveduti, gli ignari. Erano questioni un po' da manicomio: una terminologia da medici dei matti. Per la pratica ci vuol altro! I fumi e le filosoficherie son da lasciare ai trattatisti: la pratica dei commissariati e della squadra mobile è tutt'un altro affare: ci vuole della gran pazienza, della gran carità: uno stomaco pur anche a posto: e, quando non traballi tutta la baracca dei taliani, senso di responsabilità e decisione sicura, modera-

zione civile; già: già: e polso fermo. Di queste obiezioni così giuste lui, don Ciccio, non se ne dava per inteso: seguitava a dormire in piedi, a filosofare a stomaco vuoto, e a fingere di fumare la sua mezza sigheretta, regolarmente spenta.

Na sua sabedoria e pobreza molisanas, o doutor Ingravallo, que parecia viver de silêncio e de sono sob a selva negra de sua peruca, luzidia como breu e encaracolada como astracã, interrompia às vezes, na sua sabedoria, esse mesmo sono e esse silêncio para enunciar alguma ideia teórica (de ordem geral, entende-se) a propósito dos homens: e das mulheres. À primeira vista, ou antes, à primeira ouvida, tais ideias pareciam banalidades. Mas não eram. E bem assim aqueles breves enunciados, que crepitavam de sua boca com a imprevista luminosidade de um fósforo, reviviam posteriormente no tímpano das pessoas à distância de horas, ou de meses, de sua enunciação: como se após um misterioso tempo incubatório. "Ah! sim!", reconhecia o interessado: "o doutor Ingravallo já me havia dito". Sustentava, entre outras coisas, que as catástrofes inopinadas não são jamais a consequência ou o efeito, como se costuma dizer, de um motivo único, de uma causa singular: mas são como um vórtice, um ponto de depressão ciclônica na consciência do mundo, para as quais conspirava toda uma gama de causalidades convergentes. Dizia às vezes um rolo, uma embrulhada, um aranzel, ou um *gnommero,* que em dialeto romano quer dizer novelo. Mas o termo jurídico "causalidade, as causalidades" lhe aflorava de preferência à boca: quase contra sua vontade. A opinião de que era necessário "reformar em nós o sentido de categoria de causa", qual a havíamos aprendido com os filósofos, de Aristóteles a Emmanuel Kant, e substituir a causa pelas causas, era para ele uma opinião central e persistente: quase uma fixação: que se evaporava de seus lábios carnudos, mas ainda assim exangues, onde uma guimba de cigarro apagado, pendurada num ângulo, parecia acompanhar a sonolência do olhar e esse quase-rictus entre amargo e cético, que por "velho" hábito conseguia imprimir de ordinário à metade inferior da face, sob o sono da fronte e das pálpebras e o negro piche da peruca. Acontecia o mesmo, exatamente o mesmo, com "seus" delitos. "Quando me chamam!... Já viu. Se me chamam... é decerto por alguma encrenca: um rolo... uma embrulhada...", dizia, conjuminando napolitano, molisano, e italiano.

O móbil aparente, o móbil principal, era, na verdade, um. Mas o ato delituoso era o resultado de toda uma gama de causalidades que lhe sopravam por cima como um tufão (como os dezesseis ventos da rosa dos ventos quando se enrodilham em tromba numa depressão ciclônica) e haviam acabado por esmagar no vórtice do crime uma "razão do mundo" bastante debilitada. Como se torce o pescoço a um frango. Aí então costumava dizer, mas isso um tanto arrastadamente, "as mulheres estão sempre onde não deviam estar". Tardia reedição itálica do obsoleto "cherchez la femme". E logo parecia arrependido, como se tivesse caluniado as mulheres, e quisesse mudar de opinião. Mas aí é que se embaraçava de vez. De modo que se calava pensativo, como temendo haver falado demais. Queria dizer com isto que um certo móbil afetivo, um tanto, ou, como se diria hoje, um algo de afetividade, um certo "quantum de erotismo", também entrava na composição dos "casos de interesse", dos delitos aparentemente mais distanciados das tempestades amorosas. Alguns colegas, um tanto ou quanto invejosos de seus achados, algum padre mais instruído sobre os estragos do século, alguns subalternos, certos oficiais de justiça, os superiores, sustentavam que Ingravallo era dado a leituras estranhas: das quais extraía aquelas palavras que não queriam dizer nada, ou quase nada, mas que serviam mais que quaisquer outras para embasbacar os ingênuos, os ignorantes. Era um palavrório chegado a manicômio: terminologia de médico de doidos. Mas na prática a coisa mudava de figura! Os fumos e as filosofices cabiam bem aos tratadistas: na prática dos comissariados e das patrulhas volantes o negócio era diferente: o que se requeria era muita paciência, muita caridade: um estômago bastante forte: e, desde que a máquina do Estado não esteja desengonçada, um senso de responsabilidade, espírito de decisão, moderação civil; isto mesmo: e pulso firme. A essas objeções bastante justas, ele, don Ciccio, não se dava por achado: continuava a dormir em pé, a filosofar de estômago vazio, e a fingir que fumava sua ponta de cigarro, habitualmente apagada.

A passagem que acabei de ler figura no início do romance *Quer pasticciaccio brutto de via Merulana* [Aquela confusão louca da via Merulana], de Carlo Emilio Gadda. Quis começar por essa citação por me parecer prestar-se muito bem como introito ao tema de minha conferência, que é o romance contemporâneo como enciclopédia, como método de conhecimento, e principalmente como rede de conexões entre os fatos, entre as pessoas, entre as coisas do mundo.

Poderia ter escolhido outros autores para exemplificar essa vocação do romance do nosso século. Escolhi Gadda não só porque se trata de um escritor de minha língua, relativamente pouco conhecido por aqui (talvez em razão de sua particular complexidade estilística, difícil mesmo para os italianos), mas sobretudo porque sua filosofia se casa muito bem com meu discurso, no sentido em que ele vê o mundo como um "sistema de sistemas", em que cada sistema particular condiciona os demais e é condicionado por eles.

Carlo Emilio Gadda durante toda a sua vida buscou representar o mundo como um rolo, uma embrulhada, um aranzel, sem jamais atenuar-lhe a complexidade inextricável — ou, melhor dizendo, a presença simultânea dos elementos mais heterogêneos que concorrem para a determinação de cada evento.

Gadda era conduzido a essa maneira de ver por sua formação intelectual, seu temperamento de escritor e suas neuroses. No que respeita à formação intelectual, Gadda era engenheiro, alimentado de cultura científica, de grande competência técnica e de uma verdadeira paixão filosófica. Esta última ele a manteve — pode-se dizer — secreta: foi só depois de sua morte que se descobriu nos papéis do escritor o esboço de um sistema filosófico inspirado em Spinoza e Leibniz. Gadda, como escritor — considerado uma espécie de equivalente italiano de Joyce — elaborou um estilo que corresponde à sua complexa epistemologia, na medida em que superpõe diversos níveis de linguagem, dos mais elevados aos mais baixos, e os mais variados léxicos. Finalmente, como cultor de suas neuroses, Gadda se entrega todo a cada página que escreve, dando vazão às suas angústias e obsessões, de sorte que não raro o projeto se perde e os detalhes acabam crescendo de modo a tomar todo o quadro. O que deveria ser um romance policial permanece sem solução; pode-se dizer que todos os seus romances ficaram no estado de obras incompletas ou fragmentárias, ruínas de ambiciosos projetos, que conservam os sinais do fausto e do cuidado meticuloso com que foram concebidas.

Para se avaliar como o enciclopedismo de Gadda pode chegar a uma composição perfeitamente acabada, é necessário recorrer aos seus textos mais curtos, como por exemplo sua receita de "risoto à milanesa", uma obra-prima da prosa italiana e da sabedoria prática, pelo modo como descreve os grãos de arroz em parte ainda revestidos pelo invólucro ("pericarpo"), as panelas mais apropriadas, o açafrão, as várias fases da cozedura. Outro texto semelhante é dedicado às técnicas de construção que, após a adoção do cimento armado e dos tijolos vazados, já não resguardam as casas do calor nem dos ruídos; segue-se daí uma grotesca descrição de sua vida num edifício moderno e sua obsessão por todos os rumores dos vizinhos que lhe chegam aos ouvidos.

Nos textos breves de Gadda, bem como em cada episódio de seus romances, cada objeto mínimo é visto como o centro de uma rede de relações de que o escritor não consegue se esquivar, multiplicando os detalhes a ponto de suas descrições e divagações se tornarem infinitas. De qualquer ponto que parta, seu discurso se alarga de modo a compreender horizontes sempre mais vastos, e se pudesse desenvolver-se em todas as direções acabaria por abraçar o universo inteiro.

O melhor exemplo dessa rede que se propaga a partir de cada um dos objetos é o episódio do encontro da joia roubada no capítulo 9 de *Quer pasticciaccio brutto de via Merulana.*

Relações de cada pedra preciosa com sua história geológica, sua composição química, referências históricas e artísticas, com todas as destinações possíveis e as associações de imagens que essas suscitam. A epistemologia implícita na escrita de Gadda deu lugar a um ensaio crítico fundamental (Gian Carlo Roscioni, *La disarmonia prestabilita,* Einaudi, Turim, 1969), que se abre com uma análise daquelas cinco páginas sobre joias. Partindo daí, Roscioni mostra como, em Gadda, esse conhecimento das coisas enquanto "relações infinitas, passadas e futuras, reais ou possíveis, que para elas convergem", exige que tudo seja exatamente denominado, descrito e localizado no espaço e no tempo. Isso ocorre mediante a exploração do potencial semântico das palavras, de toda a variedade de formas verbais e sintáticas, com suas conotações e coloridos e efeitos o mais das vezes cômicos que seu relacionamento comporta.

Uma comicidade grotesca com laivos de angustiante desespero caracteriza a visão de Gadda. Antes mesmo que a ciência tivesse reconhecido oficialmente o princípio de que o observador intervém para modificar de alguma forma o fenômeno observado, Gadda sabia que "conhecer é inserir algo no real; é, portanto, deformar o real". Donde sua maneira típica de representar deformando, e aquela tensão que sempre estabelece entre si e as coisas representadas, mediante a qual quanto mais o mundo se deforma sob seus olhos, mais o *self* do autor se envolve nesse processo, e se deforma e se desfigura ele próprio.

A paixão cognitiva conduz, pois, Gadda da objetividade do mundo para a sua própria subjetividade exasperada e isto, para alguém que não se ama a si próprio, e até mesmo se detesta, constitui uma pavorosa tortura, como demonstra abundantemente em seu romance *La cognizione del dolore* [O conhecimento da dor]. Nesse livro, Gadda explode numa invectiva furiosa contra o pronome eu, e até mesmo contra todos os pronomes, parasitos do pensamento:

> *... l'io, io!... il più lurido di tutti i pronomi!... I pronomi! Sono i pidocchi del pensiero. Quando il pensiero ha i pidocchi, si gratta come tutti quelli che hanno i pidocchi... e nelle unghie, allora... ci ritrova i pronomi: i pronome di persona.*

> ... o eu, eu!... o mais sórdido de todos os pronomes!... Os pronomes! São os piolhos do pensamento. Quando o pensamento tem piolhos, ele se coça como todos os que têm piolhos... e nas unhas, então... vai encontrar de novo os pronomes: os pronomes pessoais.

Se a escrita de Gadda é definida por essa tensão entre exatidão racional e deformação frenética como componentes fundamentais de todo processo cognoscitivo, na mesma época um outro escritor de formação tecnocientífica e filosófica, e também engenheiro, Robert Musil, exprimia a tensão entre a exatidão matemática e a abordagem dos acontecimentos humanos, mediante uma escrita completamente diferente: fluente, irônica e controlada. A matemática das soluções particulares: tal era o sonho de Musil:

> *Aber er hatte noch etwas auf der Zunge gehabt; etwas von mathematischen Aufgaben, die keine allgemeine Lösung zulassen, wohl aber Einzellösungen, durch deren Kombination man sich der allgemeinen Lösung nähert. Er hätte hinzufügen können, dass er die Auf gabe des menschlichen Lebens für eine solche ansah. Was man ein Zeitalter nennt — ohne zu wissen, ob man Jahrhunderte, Jahrtausende oder die Spanne zwischen Schule und Enkelkind darunter verstehen soll — dieser breite, ungeregelte Fluss von Zuständen würde dann ungefähr ebensoviel bedeuten wie ein planloses Nacheinander von ungenügenden und einzeln genommen falschen Lösungsversuchen, aus denen, erst wenn die Menschheit sie zusammenzufassen verstünde, die richtige und totale Lösung hervorgehen könnte.*
>
> *In der Strassenbahn erinnerte er sich auf dem Heimweg daran.* (Der Mann ohne Eigenschaften, *vol. 1, 2ª parte, cap. 83*)

Mas ele tinha ainda outra coisa a dizer: algo sobre os problemas matemáticos que não admitem uma solução geral, mas antes várias soluções particulares cuja combinação nos permitiria aproximar de uma solução geral. Poderia acrescentar ainda que considerava desse gênero o problema da existência humana. O que se sói chamar uma época — sem saber se por isso se deva entender séculos ou milênios ou o curto lapso de tempo que separa a idade escolar da velhice —, esse largo e livre rio de circunstâncias, seria então uma espécie desordenada de "soluções insuficientes e individualmente falsas das quais não poderia brotar uma solução exata e total senão quando a humanidade fosse capaz de encará-las todas.

No bonde, voltando para casa, ainda pensava no assunto. (*O homem sem qualidades*)

O conhecimento para Musil é a consciência da inconciliabilidade entre duas polaridades contrapostas: uma, que denomina ora exatidão, ora matemática, ora espírito puro, ou mesmo mentalidade militar, e outra que chama ora de alma, ora de irracionalidade, ora de humanidade, ora de caos. Tudo o que sabe ou pensa, deposita-o num livro enciclopédico que procura manter sob a forma de romance, mas como a estrutura da obra se modifica continuamente e se desfaz em suas mãos, ele não vai conseguir terminá-lo, e nem mesmo decidir sobre as linhas gerais que poderiam conter dentro de contornos precisos essa enorme massa de material. Um confronto entre esses dois escritores-engenheiros — Gadda, para quem a compreensão consistia em deixar-se envolver na rede das relações, e Musil, que dá a impressão de sempre compreender tudo na multiplicidade dos códigos e dos níveis sem nunca se deixar envolver — deve registrar ainda um dado comum a ambos: a incapacidade de concluir.

Nem mesmo Proust consegue ver o fim de seu romance-enciclopédia, mas não decerto por falta de planejamento, dado que o projeto da *Recherche* nasce como um todo, princípio, fim e linhas gerais, mas porque a obra vai se adensando e dilatando em seu interior por força de seu próprio sistema vital. A rede que concatena todas as coisas é também o tema de Proust; mas em Proust essa rede é feita de pontos espaço-temporais ocupados sucessivamente por todos os seres, o que comporta uma multiplicação infinita das dimensões do espaço e do tempo. O mundo dilata-se a tal ponto que se torna inapreensível, e para Proust o conhecimento passa pelo sofrimento dessa inapreensibilidade. Nesse sentido, o ciúme que o narrador prova por Albertine é uma típica experiência de conhecimento:

> *... Et je comprenais l'impossibilité où se heurte l'amour. Nous nous imaginons qu'il a pour objet un être qui peut être couché devant nous, enfermé dans un corps. Hélas! Il est l'extension de cet être à tous les points de l'espace et du temps que cet être a occupés et occupera. Si nous ne possédons pas son contact avec tel lieu, avec telle heure, nous ne le possédons pas. Or nous ne pouvons toucher tous ces points. Si encore ils nous étaient désignés, peut-être pourrions-nous nous étendre jusqu'à eux. Mais nous tâtonnons sans les trouver. De là la défiance, la jalousie, les persécutions. Nous perdons un temps précieux sur une piste absurde et nous passons sans le soupçonner à côté du vrai.*

> ... E eu compreendia a impossibilidade contra a qual o amor se choca. Imaginamos que ele tenha por objeto um ser que pode estar deitado à nossa frente, oculto num corpo. Mas ai! Ele é a extensão desse ser em todos os pontos do espaço e do tempo que esse ser ocupou ou vai ocupar. Se não possuímos seu contato com tal lugar, com tal hora, nós não o possuímos. Mas não podemos tocar todos esses pontos. Se ainda nos fossem indicados, talvez pudéssemos tentar alcançá-los. Mas tateamos às cegas sem encontrar. Daí a desconfiança, o ciúme, as perseguições. Perdemos um tempo precioso seguindo uma pista absurda e passamos ao lado da verdade sem suspeitá-la.

Essa passagem está na página da *Prisonnière* (éd. Pléiade, III, p. 100) que trata das divindades irascíveis que governam os telefones. Algumas páginas adiante, assistimos às primeiras demonstrações dos aeroplanos, da mesma forma como havíamos visto no volume precedente os automóveis tomarem o lugar das carruagens, transformando assim a relação do espaço com o tempo, de tal forma que "l'art en est aussi modifié" [a arte também se modificou] (II, p. 996). Digo isto para demonstrar que Proust nada tem a invejar dos dois escritores-engenheiros anteriormente citados no que respeita ao conhecimento da tecnologia. O advento da modernidade tecnológica que veremos delinear-se gradativamente na *Recherche* não faz parte apenas da "cor do tempo" mas da própria forma da obra, de sua razão interna, de sua ânsia de dar consistência à multiplicidade do escrevível na brevidade de uma vida que se consome.

Em minha primeira conferência parti dos poemas de Lucrécio e de Ovídio e do modelo de um sistema de infinitas relações de tudo com tudo que se encontra naqueles dois livros tão diferentes um do outro. Nesta conferência creio que as remissões às literaturas do passado podem ficar reduzidas ao mínimo, ao quanto basta para demonstrar como em nossa época a literatura se vem impregnando dessa antiga ambição de representar a multiplicidade das relações, em ato e potencialidade.

A excessiva ambição de propósitos pode ser reprovada em muitos campos da atividade humana, mas não na literatura. A literatura só pode viver se se propõe a objetivos desmesurados, até mesmo para além de suas possibilidades de realização. Só se poetas e escritores se lançarem a empresas que ninguém mais ousaria imaginar é que a literatura continuará a ter uma função. No momento em que a ciência desconfia das explicações gerais e das soluções que não sejam setoriais e especialísticas, o grande desafio para a literatura é o de saber tecer em conjunto os diversos saberes e os diversos códigos numa visão pluralística e multifacetada do mundo.

Um escritor que certamente não punha limites à ambição

de seus próprios projetos era Goethe, que em 1780 confia a Charlotte von Stein estar planejando um "romance sobre o universo". Pouco sabemos como ele imaginava dar corpo a essa ideia, mas só o haver escolhido o romance como forma literária que pudesse conter o universo inteiro já é em si um fato prenhe de futuro. Mais ou menos pela mesma época, Lichtenberg escrevia: "Creio que um poema sobre o espaço vazio poderia ser sublime". O universo e o vácuo: voltarei a esses dois termos, entre os quais vemos oscilar o ponto de chegada da literatura, e que com frequência tendem a se identificar.

Encontrei estas citações de Goethe e de Lichtenberg no fascinante livro de Hans Blumenberg, *Die Lesbarkeit der Welt* [A legibilidade do mundo, il Mulino, Bolonha, 1984], em cujos últimos capítulos o autor retraça a história dessa ambição, desde Novalis que se propõe escrever um "livro absoluto", visto ora como uma "enciclopedística" ora como uma "Bíblia", até Humboldt, que com *Kosmos* leva a termo seu projeto de uma "descrição do universo físico".

O capítulo de Blumenberg que mais interessa ao meu tema é o que se intitula "O livro vazio do mundo", dedicado a Mallarmé e a Flaubert. Sempre me fascinou o fato de que Mallarmé, que em seus versos tinha conseguido dar uma incomparável forma cristalina ao nada, tenha dedicado seus últimos anos de vida a conceber um livro absoluto que seria o fim último do universo, misterioso trabalho de que o autor destruiu todos os traços. Assim como me fascina pensar que Flaubert, que em 16 de janeiro de 1852 havia escrito a Louise Colet "ce que je voudrais faire, c'est un livre sur rien" [o que gostaria de fazer era um livro sobre nada], tenha dedicado seus últimos anos de vida ao mais enciclopédico romance que já foi escrito, *Bouvard et Pécuchet*.

Bouvard et Pécuchet é sem dúvida o arquétipo dos romances que hoje passo em revista, mesmo se a patética e hilariante travessia do saber efetuada por esses dois quixotes do cientificismo do século XIX se apresenta como uma sucessão de naufrágios. Para os dois simplórios autodidatas, cada livro dá acesso a um mundo, mas são mundos que se excluem mutuamente, ou que com suas contradições destroem toda possibilidade de certeza. Por mais boa vontade que tenham, falta aos dois escriturários aquela espécie de graça sugestiva que permite adequar as noções ao uso que delas se quer fazer ou ao gratuito prazer que delas se espera tirar, dom esse que não se aprende nos livros.

Como interpretar o final desse romance inconcluso — como a renúncia de Bouvard e Pécuchet quanto a compreender o mundo, sua resignação de um destino de escriturários, sua decisão de se dedicarem a copiar os livros da biblioteca universal? Devemos concluir que, na experiência de Bouvard e Pécuchet, enciclopédia e nada são a mesma coisa? Mas por trás dos dois personagens está Flaubert, que para alimentar sua aventura capítulo por capítulo, tem que adquirir uma competência em cada ramo do saber, edificar uma ciência que seus dois heróis possam destruir. Para tanto lê manuais de agricultura e horticultura, de química, anatomia, medicina, geologia... Numa carta de agosto de 1873 diz haver lido com esse objetivo, anotando-os, 194 livros; em junho de 1874, a cifra já havia subido para 294; cinco anos mais tarde, pode noticiar a Zola: "Mes lectures sont finies et je n'ouvre plus aucun bouquin jusqu'à la terminaison de mon roman" [Acabei minhas leituras e não abro mais livro algum até a conclusão de meu romance]. Mas em correspondência de data pouco posterior, já vamos reencontrá-lo às voltas com leituras eclesiásticas, passando depois a ocupar-se de pedagogia, disciplina que vai obrigá-lo a reabrir um leque das ciências mais díspares. Em janeiro de 1880 escreve: "Savez-vous à combien se montent les volumes qu'il m'a faliu absorber pour mes deux bonhommes? A plus de 1500!" [Sabe quantos livros tive de absorver para os meus dois simplórios? Mais de 1500!].

A epopeia enciclopédica dos dois autodidatas é, pois, *doublée* de uma empresa titânica paralela, levada a cabo na realidade por Flaubert em pessoa, que se transforma numa enciclopédia universal, assimilando com uma paixão não menos intensa que a de seus heróis todo o saber que eles procuram adquirir e todo aquele que lhes será vedado. Tanto trabalho para demonstrar a futilidade do saber tal como o usam os dois autodidatas? ("Du défaut de méthode dans les sciences" [Da falta de método nas ciências] é o subtítulo que Flaubert queria dar ao romance; de uma carta de 16 de dezembro de 1879.) Ou para demonstrar a fatuidade do saber *tout court?*

Outro romancista enciclopédico de um século depois, Raymond Queneau, escreveu um ensaio para defender os dois heróis da acusação de *bêtise* (seu mal é o de estarem "épris d'absolu" [tomados de absoluto] e não admitirem contradições ou dúvidas) e para defender Flaubert da definição simplista de "adversário da ciência".

"Flaubert est *pour* la science", afirma Queneau, "dans la mesure justement où celle-ci est sceptique, méthodique, prudente, humaine. Il a horreur des dogmatiques, des métaphysiciens, des philosophies" [Flaubert é *a favor* da ciência precisamente na medida em que esta é cética, metódica, prudente, humana. Tem horror aos dogmáticos, aos metafísicos, aos filósofos]. (*Bâtons, chiffres et lettres*)

O ceticismo de Flaubert, justamente com sua curiosidade infinita pelo saber humano acumulado ao longo dos séculos, são os valores que tomarão como seus os maiores escritores do século XX; mas em relação a eles falarei de um ceticismo ativo, do senso do jogo e da aposta na obstinação de estabelecer relações entre discursos, métodos e níveis. O conhecimento como multiplicidade é um fio que ata as obras maiores, tanto do que se vem chamando de modernismo quanto do que se vem chamando de pós-modernismo, um fio que — para além de todos os rótulos — gostaria de ver desenrolando-se ao longo do próximo milênio.

Recordemos que o livro passível de ser considerado a introdução mais completa à cultura de nosso século é um romance: *Der Zauberberg* [A montanha mágica] de Thomas Mann. Pode-se dizer que do mundo recluso de um sanatório alpino partem todos os fios que serão desenvolvidos pelos *maîtres à penser* do século: todos os temas que ainda hoje continuam a nutrir as discussões são ali prenunciados e passados em revista.

O que toma forma nos grandes romances do século XX é a ideia de uma enciclopédia *aberta,* adjetivo que certamente contradiz o substantivo *enciclopédia,* etmologicamente nascido da pretensão de exaurir o conhecimento do mundo encerrando-o num círculo. Hoje em dia não é mais pensável uma totalidade que não seja potencial, conjectural, multíplice.

Diferentemente da literatura medieval que tendia para obras capazes de exprimir a integração do saber humano numa ordem e numa forma de densidade estável, como *A divina comédia,* em que convergem uma riqueza linguística multiforme e a aplicação de um pensamento sistemático e unitário, os livros modernos que mais admiramos nascem da confluência e do entrechoque de uma multiplicidade de métodos interpretativos, maneiras de pensar, estilos de expressão. Mesmo que o projeto geral tenha sido minuciosamente estudado, o que conta não é o seu encerrar-se numa figura harmoniosa, mas a força centrífuga que dele se liberta, a pluralidade das linguagens como garantia de uma verdade que não seja parcial. Como fica provado exatamente pelos dois grandes autores de nosso século que mais se referem à Idade Média, T. S. Eliot e James Joyce, ambos cultores de Dante, ambos com profundo conhecimento teológico (mesmo quando divergentes em suas intenções). T. S. Eliot dissolve o projeto teológico na leveza da ironia e no vertiginoso encantamento verbal. Joyce, que tem toda a intenção de construir uma obra sistemática, enciclopédica e interpretável a vários níveis segundo a hermenêutica medieval (e elabora tábuas de correspondências entre os capítulos do *Ulisses* e as partes do corpo humano, as artes, as cores, os símbolos), realiza principalmente a enciclopédia dos estilos, capítulo por capítulo no *Ulisses,* ou canalizando a multiplicidade polifônica através do tecido verbal do *Finnegans wake.*

É tempo de pormos um pouco de ordem nas propostas que venho acumulando como exemplos de multiplicidade.

Há o texto unitário que se desenvolve como o discurso de uma única voz, mas que se revela interpretável a vários níveis. Aqui o primado da invenção e do *tour-de-force* cabe a Alfred Jarry com seu romance *L'amour absolu* [O amor absoluto] (1899), de apenas cinquenta páginas, que pode ser lido como três histórias completamente distintas: 1) a espera de um condenado à morte em sua cela na noite que antecede a execução; 2) o monólogo de um homem que sofre de insônia e, meio adormecido, sonha que foi condenado à morte; 3) a história de Cristo.

Há o texto multíplice, que substitui a unicidade de um eu pensante pela multiplicidade de sujeitos, vozes, olhares sobre o mundo, segundo aquele modelo que Mikhail Bakhtin chamou de "dialógico", "polifônico" ou "carnavalesco", rastreando seus antecedentes desde Platão a Rabelais e Dostoiévski.

Há a obra que, no anseio de conter todo o possível, não consegue dar a si mesma uma forma nem desenhar seus contornos, permanecendo inconclusa por vocação constitucional, como vimos em Musil e em Gadda.

Há a obra que corresponde em literatura ao que em filosofia é o pensamento não sistemático, que procede por aforismos, por relâmpagos punctiformes e descontínuos; e eis que chega o momento preciso de citar um autor que não me canso nunca de ler, Paul Valéry. Falo de sua obra em prosa feita de ensaios de poucas páginas e de notas de poucas linhas de que se compõem os seus *Cahiers*. "Une 'philosophie' doit être portative" [Uma "filosofia" deve ser portátil], afirma (XXIV, 713), mas igualmente: "J'ai cherché, je cherche et chercherai pour ce que je nomme le Phénomène Total, c'est à dire le Tout de la conscience, des relations, des conditions, des possibilités, des impossibilités..." [Sempre busquei e busco e continuarei buscando aquilo que denomino o Fenômeno Total, ou seja, o Todo da consciência, das relações, das condições, das possibilidades, das impossibilidades...] (XII, 722).

Entre os valores que gostaria fossem transferidos para o próximo milênio está principalmente este: o de uma literatura que tome para si o gosto da ordem intelectual e da exatidão, a inteligência da poesia juntamente com a da ciência e da filosofia, como a do Valéry ensaísta e prosador. (E se recordo Valéry num contexto em que dominam os nomes de romancistas, é também porque ele, que não era romancista, e que até mesmo, por causa de uma de suas famosas tiradas, passava por ter liquidado com a narrativa tradicional, era um crítico que sabia compreender os romances como nenhum outro, definindo-lhes precisamente a especificidade enquanto romances.)

Se tivesse de apontar quem na literatura realizou perfeitamente o ideal estético de Valéry da exatidão de imaginação e de linguagem, construindo obras que correspondem à rigorosa geometria do cristal e à abstração de um raciocínio dedutivo, diria sem hesitar Jorge Luis Borges. As razões de minha predileção por Borges não param por aqui; procurarei enumerar as principais: porque cada texto seu contém um modelo do universo ou de um atributo do universo — o infinito, o inumerável, o tempo, eterno ou compreendido simultaneamente ou cíclico; porque são sempre textos contidos em poucas páginas, com exemplar economia de expressão; porque seus contos adotam frequentemente a forma exterior de algum gênero da literatura popular, formas consagradas por um longo uso, que as transforma quase em estruturas míticas. Por exemplo, seu ensaio mais vertiginoso sobre o tempo, "El jardín de los senderos que se bifurcan" (*Ficciones,* Emecé, Buenos Aires, 1956), apresenta-se como um conto de espionagem, mas inclui um relato lógico-metafísico, que por sua vez inclui a descrição de um interminável romance chinês, tudo isso concentrado numa dúzia de páginas.

As hipóteses que Borges enuncia nesse conto, cada qual contida (e quase oculta) em poucas linhas, são: de início, uma ideia de tempo preciso, quase um absoluto presente subjetivo: "reflexioné que todas las cosas le suceden a uno precisamente,

precisamente ahora. Siglos de siglos y sólo en el presente ocurren los hechos; innumerables hombres en el aire, en la tierra y el mar y todo lo que realmente pasa me pasa a mi..." [... refleti que tudo aquilo que acontece com alguém, acontece agora, precisamente agora. Séculos de séculos e só neste instante é que os fatos ocorrem; homens sem conta nos ares, na terra e no mar e tudo o que realmente se passa está se passando comigo...]; depois, uma ideia de tempo determinado pela vontade, no qual o futuro se apresenta tão irrevogável quanto o passado; e por fim a ideia central do conto: um tempo multíplice e ramificado no qual cada presente se bifurca em dois futuros, de modo a formar "uma rede crescente e vertiginosa de tempos divergentes, convergentes e paralelos". Essa ideia de infinitos universos contemporâneos em que todas as possibilidades se realizam em todas as combinações possíveis não é uma digressão do conto mas a própria condição para que o protagonista se sinta autorizado a cometer um delito absurdo e abominável que lhe é imposto por sua missão de espionagem, seguro de que aquilo ocorre em apenas um dos universos mas não nos outros, de modo que, cometendo o assassínio aqui e agora, ele e sua vítima poderão reconhecer-se amigos e irmãos em outros universos.

O modelo das redes dos possíveis pode portanto ser concentrado nas poucas páginas de um conto de Borges, como pode constituir a estrutura que leva a romances extensos ou extensíssimos, nos quais a densidade de concentração se reproduz em cada parte separada. Direi, no entanto, que hoje a regra da "escrita breve" é confirmada até pelos romances longos, que apresentam uma estrutura acumulativa, modular, combinatória.

Essas considerações constituem a base de minha proposta ao que chamo de "hiper-romance" e do qual procurei dar um exemplo com *Se una notte d'inverno un viaggiatore* [Se um viajante numa noite de inverno]. Meu intuito aí foi dar a essência do romanesco concentrando-a em dez inícios de romance, que pelos meios mais diversos desenvolvem um núcleo comum, e que agem sobre um quadro que o determina e é determinado por ele. O mesmo princípio de amostragem da multiplicidade potencial do narrável constitui a base de outro livro meu, *Il castello dei destini incrociati,* que procura ser uma espécie de máquina de multiplicar as narrações partindo de elementos figurativos com múltiplos significados possíveis como as cartas de um baralho de tarô. Sou inclinado por temperamento à "escrita breve" e essas estruturas me permitem aliar a concentração de invenção e expressão ao sentimento das potencialidades infinitas.

Outro exemplo daquilo que chamo de "hiper-romance" é *La vie mode d'emploi* de George Perec, romance extremamente longo mas construído com muitas histórias que se cruzam (não é por nada que no subtítulo traz *Romans* no plural), renovando o prazer dos grandes ciclos *à la* Balzac.

Creio que esse livro, publicado em Paris em 1978, quatro anos antes da morte prematura do autor aos 46 anos, seja o último verdadeiro acontecimento na história do romance. E isto por vários motivos: o incomensurável do projeto nada obstante realizado; a novidade do estilo literário; o compêndio de uma tradição narrativa e a suma enciclopédica de saberes que dão forma a uma imagem do mundo; o sentido do hoje que é igualmente feito com acumulações do passado e com a vertigem do vácuo; a contínua simultaneidade de ironia e angústia; em suma, a maneira pela qual a busca de um projeto estrutural e o imponderável da poesia se tornam uma só coisa.

O *puzzle* dá ao romance o tema do enredo e o modelo formal. Outro modelo é o corte de um prédio tipicamente parisiense, onde se desenrola toda a ação, um capítulo para cada quarto, cinco andares de apartamentos dos quais se enumeram os móveis e os adornos e são mencionadas as transferências de propriedade e a vida de seus moradores, bem como de seus ascendentes e descendentes. O esquema do edifício apresenta-se como um "biquadrado" de dez quadrados por dez:

um tabuleiro de xadrez em que Perec passa de uma casa a outra (ou seja, de quarto em quarto, ou de capítulo em capítulo) utilizando o movimento do cavalo segundo uma certa ordem que lhe permite ocupar sucessivamente todas as casas. (Teremos então cem capítulos? Não, mas noventa e nove, porque esse livro ultra-acabado deixa intencionalmente uma pequena saída para o inacabado.)

Este é, por assim dizer, o continente. No que respeita ao conteúdo, depois de enumerar listas de temas, divididos em categorias, Perec resolveu que em cada capítulo devia figurar, mesmo se apenas esboçado, um tema de cada categoria, de modo a variar sempre as combinações segundo procedimentos matemáticos que não estou em condições de definir mas sobre cuja exatidão não tenho dúvidas. (Embora tenha frequentado Perec durante os nove anos que dedicou à elaboração do romance, só conheço algumas de suas regras secretas.) Essas categorias temáticas são nada menos que 42 e compreendem citações literárias, localizações geográficas, datas históricas, móveis, objetos, estilos, cores, alimentos, animais, plantas, minerais e não sei mais quantas outras, assim como não sei como o autor conseguiu respeitar essas regras mesmo nos capítulos mais curtos e sintéticos.

Para escapar à arbitrariedade da existência, Perec, como o seu protagonista, tem necessidade de se impor regras rigorosas (mesmo se essas regras forem por sua vez arbitrárias). Mas o milagre é que essa poética que se poderia dizer artificiosa e mecânica dá como resultado uma liberdade e uma riqueza inventiva inesgotáveis. Isso porque ela vem coincidir com aquela que foi, desde os tempos de seu primeiro romance, *Les choses* (1965), a paixão de Perec pelos catálogos: enumerações de objetos definidos cada qual por sua especificidade e correspondência a uma época, a um estilo, a uma sociedade, bem como cardápios de restaurantes, programas de concertos, tabelas dietéticas, bibliografias verdadeiras ou imaginárias.

O demônio do colecionismo paira continuamente sobre as

páginas de Perec, e a coleção mais "sua" entre as inúmeras que esse livro evoca, direi que é a de "únicos", ou seja, de objetos dos quais só existe um exemplar. Mas na vida real Perec só era colecionador, quando não de palavras, pelo menos de conhecimentos e lembranças; a exatidão terminológica era a sua forma de possuir; Perec recolhia e designava tudo aquilo que faz a unicidade de cada fato, pessoa ou coisa. Ninguém mais imune do que Perec à pior praga da escrita de hoje: a generalidade.

Gostaria de insistir sobre o fato de que para Perec a construção de um romance baseado em regras fixas, em "contraintes", não sufocava a liberdade narrativa, mas a estimulava. Não é por nada que Perec foi o mais inventivo dos participantes do Oulipo (Ouvroir de littérature potentielle), fundado por seu mestre Raymond Queneau. Esse Queneau que, muitos anos antes, nos tempos de sua polêmica com os surrealistas sobre a "escrita automática", já escrevia:

> *Une autre bien fausse idée qui a également cours actuellement, c'est l'équivalence que l'on établit entre inspiration, exploration du subconscient et libération, entre hasard, automatisme et liberté. Or,* cette *inspiration qui consiste à obéir aveuglément à toute impulsion est en réalité un esclavage. Le classique qui écrit sa tragédie en observant un certain nombre de règles qu'il connaît est plus libre que le poète qui écrit ce qui lui passe par la tête et qui est l'esclave d'autres règles qu'il ignore.*

> Outra ideia bastante falsa que atualmente vem sendo aceita é a da equivalência que se estabelece entre inspiração, exploração do subconsciente e liberação, entre acaso, automatismo e liberdade. Ora, *essa* inspiração que consiste em se obedecer cegamente a todo impulso é na verdade uma escravidão. O clássico que escreve sua tragédia observando certo número de regras que conhece é mais livre que o poeta que escreve o que lhe passa pela cabeça e é escravo de outras regras que ignora. (*Bâtons, chiffres et lettres*)

Chego assim ao fim dessa minha apologia do romance como grande rede. Alguém poderia objetar que quanto mais a obra tende para a multiplicidade dos possíveis mais se distancia daquele *unicum* que é o *self* de quem escreve, a sinceridade interior, a descoberta de sua própria verdade. Ao contrário, respondo, quem somos nós, quem é cada um de nós senão uma combinatória de experiências, de informações, de leituras, de imaginações? Cada vida é uma enciclopédia, uma biblioteca, um inventário de objetos, uma amostragem de estilos, onde tudo pode ser continuamente remexido e reordenado de todas as maneiras possíveis.

Mas a resposta que mais me agradaria dar é outra: quem nos dera fosse possível uma obra concebida fora do *self* uma obra que nos permitisse sair da perspectiva limitada do eu individual, não só para entrar em outros eus semelhantes ao nosso, mas para fazer falar o que não tem palavra, o pássaro que pousa no beiral, a árvore na primavera e a árvore no outono, a pedra, o cimento, o plástico...

Não era acaso este o ponto de chegada a que tendia Ovídio ao narrar a continuidade das formas, o ponto de chegada a que tendia Lucrécio ao identificar-se com a natureza comum a todas as coisas?

ÍNDICE ONOMÁSTICO

1ª EDIÇÃO [1990] 4 reimpressões
2ª EDIÇÃO [1994] 9 reimpressões
3ª EDIÇÃO [2003] 15 reimpressões

ESTA OBRA FOI COMPOSTA PELA SPRESS EM GARAMOND LIGHT
E IMPRESSA PELA LIS GRÁFICA EM OFSETE SOBRE PAPEL PÓLEN NATURAL
DA SUZANO S.A. PARA A EDITORA SCHWARCZ EM MAIO DE 2023